但取一瓢饮

写给作家朋友的书话

李林荣 著

人民日报出版社

图书在版编目（CIP）数据

但取一瓢饮：写给作家朋友的书话/ 李林荣著．—北京：人民日报出版社，2019.1

ISBN 978-7-5115-5713-1

Ⅰ.①但… Ⅱ.①李… Ⅲ.①读书笔记—中国—现代 Ⅳ.① G792

中国版本图书馆 CIP 数据核字（2018）第 245038 号

书　　名：	但取一瓢饮：写给作家朋友的书话
著　　者：	李林荣
出 版 人：	董　伟
责任编辑：	宋　娜
封面设计：	秦志超
版式设计：	九章文化
出版发行：	人民日报出版社
社　　址：	北京金台西路 2 号
邮政编码：	100733
发行热线：	（010）65369527　65369846　65369509　65369510
邮购热线：	（010）65369530　65363527
编辑热线：	（010）65369521
网　　址：	www.peopledailypress.com
经　　销：	新华书店
印　　刷：	北京盛通印刷股份有限公司
开　　本：	880mm×1230mm　1/32
字　　数：	252 千字
印　　张：	12
版　　次：	2019 年 1 月第 1 版　2019 年 1 月第 1 次印刷
书　　号：	ISBN 978-7-5115-5713-1
定　　价：	52.00 元

写在前面的话

这本小书里收的185篇短文，源自2012年9月至今《文艺报》的月度专栏"新书品荐"。汇集成书前，各文都做了细节校订。少量篇目还略有字句补充。报载时以图配文的形式继续保留了下来，一则使读者对书话所谈的书能有即视的直感，二则因为当初准备这些图片费了不少工夫。最初是直接给书拍照，然后用电脑软件修图，过了几年又改为一一联系出版社请营销部门支援更美观的立体封面图。这些书影图片虽只占文边一小角，但都来之不易，它们陪伴文字的"贡献"不应轻易抹煞。

至于这185篇短文，论体裁或文类，该定为书评还是书话，或者别的什么名目，我自己也拿不准。以我看过的20世纪二三十年代出的《新月》《学文》等新文学史上有名或不甚有名的老刊物里的旧例，这185篇短文的样式，与书评大体相符。1935年萧乾先生在燕京大学新闻系完成的学士论文《书评研究》，也把这种以书名和书的作者、出版社及出版年份等信息当标题的介绍和简析一本书的短文，归为书评的一类。①《新月》《学文》的作者群整体上属于欧美派知识分子。萧乾身为记者、作家、知识分子，知识背景和文风趣味也都偏向于欧美。他们身体力行亲自写过并且一而再、再而三反复提倡过的书评，属于欧风美雨的一部分，飘洒、传扬到中国来的仅是其中的一丁点儿。中国传统里与之对应的文体，则是书话。

书话和舶来的书评，当然有由于源流的不同而形成的文本风貌上的差异。据说，书话总要讲出些作者与所谈之书的特别缘分，刨出些与所谈之书相关的人事掌故，以此使书中或书的周边焕发出一些生动温婉、委曲有致的烟火气和人情味儿来。而书评，相形之下，更着力于把握理性的尺子，无论是谈书本身，还是牵连、引申到书里书外的各方面情况，都会坚持依靠和运用理智下判断、做分析，尽管并不排斥趣味和情调，但绝不以此为主。

照这样的标准，这本小书里的各篇短文，靠近书评而远离书话。这首先得怪我自己，选书看书一向没有单从作者或书外的掌故、消息着眼的习惯，因而在向别人推荐可读之书的时候，也就不善于和不乐于从与书有关的故事或趣闻入题，只知道憨头憨脑就书论书。另一方面，我写不出书话的传统范儿，更主要的是觉得自己不配这么做。"新书品荐"设在《文艺报》的"书香中国"专版，按月推出，面向《文艺报》遍布全国的逾万名固定读者。这些读者同时也是中国作家协会

---

① 参阅萧乾、文洁若：《书评·书缘·书话》，浙江大学出版社2010年7月版，第74—89页。

的会员，著作等身、名满天下的大家有之，领军一翼、前沿弄潮的闯将有之，初登文坛、跃跃欲试的新锐有之，人人都是写书的行家，同时也是读书的行家。论个人的书缘书事，相信我这些短文的读者，大多数都比我要丰富得多、有趣得多。

作为一个以读书和教书为业的所谓学院体制里的文学爱好者，我能为作家朋友们推荐的书，最自然也最合适的是从理论和观念的层面打量出去觉得和当下文学写作、当下文坛风尚，尤其是其中带些症候式倾向的现象关联紧密，堪起某种诊疗或矫正作用的。而我介绍这些书的方式，相应地也就得依托着这种关联，紧扣着这些书的"疗效"或"治愈"功能，多作理性的阐发。就我自己而言，这样的表述方式，并不是为了枯燥地罗列知识，更没有要把自己的"主观"成心隐藏起来的意思。相反，在每一个貌似陈述的语句中，我都诚心诚意地交待着自己对于所荐之书内容上的某一层面、某一要点或某一脉络的"主见"。这"主见"难免片面，但即使如此，它也是基于实实在在的阅读、比较和甄别的一点发现。凭着这一点，一本书被从每时每刻源源不断如浪涌潮奔般新印装成型的书海里识别出来，并且与跟它相关、相似的其他各种书区分开，获得了自己朝向当下文坛、当代作家的独特面目和独特神采。统束在"新书品荐"总名目下的 185 篇短文，品也好，荐也好，出发点和归结点都仅仅在此，也仅仅到此为止。换句话说，它们都无意或无志于评价书本身，纵然有些字句疑似评断，其实际用意也仍指向为作家朋友荐书。

几乎天天都在琢磨甚至致力于写书的作家，还需不需要格外劳神费力地读书?即便要读书,他们还需不需要在选择读什么书的问题上费脑筋?这本不该成为问题。差不多四十年前,共和国迎来知识和知识分子的第二个春天之际,刚刚恢复了自己的文学青春,从边疆回到首都、重又跻身文坛中心的王蒙,曾发表过一篇后来流传甚广的文章《一个值得探讨的问题——谈我国作家的非学者化》[①],呼吁从事文学创作的朋友警醒,避免作家的非学者化趋向持续加剧。文中高调低弹,正话反说,实际上是想彻底澄清两种不确切的社会认识,一是并非能写出一些文学作品的人就都称得上是知识分子,二是文学创作并非可以离开作者个人全面的学识修养单独求得提高和进步。这两层意思都及时得到了大家的理解,以至这篇文章很快被当成了主张作家学者化的一份宣言。

四十年弹指一挥,经过了几番变迁的文坛和社会,为今天的作家和文学创作留出的文化空间和社会角色,以不同的来路轨迹和具体成因,导向了与三四十年前极其相似的"非学者化"的狭窄、封闭境地。表面上看,作家的专业身份、文学创作的行业特性,似乎都再度赢得了重视和认可,整个文学圈的边界、文坛的门槛,都又显得森严、清晰起来。但越是到这种时候,作家的视野、心胸和思维方式,文学创作向壁而舞或自娱自乐或顾盼自雄的状态,也就越容易趋于流行和固化。可能这也是社会分工每逢加速细化的时代里,各个行当、各个专业都难免遭遇的陷阱和误区。陷于其中,溺于其误,死路一条。超胜

---

① 该文初刊于《读书》杂志 1982 年第 11 期。

突围，则生机再续、前程重启。因为自闭于一隅，在各行各业都精细化发展的大背景下，是无异于主动出局、自寻末路的。

这正如鲁迅晚年给一位他已发觉是署了假名、冒充小孩子的青年"颜黎民"回信时，[①]还特地嘱咐的那样：即使是爱好文学的青年，也不要专看文学书或专看一个人的著作，特别是不能因为喜欢文学，而厌恶数学、理化、史地、生物学，更不能丢开科学，一味钻在文学里。鲁迅并不只是在一般修身养性、扩大知识面的意义上做这样的劝诫，他更多的考虑是出于对时代的感受和判断。自然科学已成社会常识的时代降临了，昧于这些常识而只懂得古人睹月缺花残而泪目伤怀似的陈旧文学情调的人，纵使仍然可以写出些拟古仿旧的纤词丽句，也不仅感动不了多少现代人，反而倒显出自己是糊涂虫。同样的道理，鲁迅也希望"颜黎民"式的青年不囿于一己一家一地方的小生境，多看些世界旅行记，了解、感知各处的人情风俗和地理物产，以增进自己对世界之大的意识和体验，为自己的情思活动构筑更宏阔的经验和知识基础。对于这些建议，鲁迅在信末还特意提到可以公开发表，因为这不是什么不能告人的话。事实上，鲁迅这些忠告，对八十多年前中国的文学青年和今天中国的作家，都是适时而中肯的金玉良言。

八十多年前的中国和今天的中国，在诸多的差异下，呈现着同样浸入新知新见弥漫的大时代和大世界的相似性。只不过，信息散布的

[①] 参见鲁迅：1936年4月15日致颜黎民信，《鲁迅著译编年全集》第20卷，人民出版社2009年7月版，第136—137页。

密集度和媒介技术的便捷性，已跃升到了和过去无法同日而语的量级。文学作为现代社会分工谱系里的一个特定区段，其话语价值的确立和话语效能的达成，必须以足够的独特性和充分的交互性作为基本前提。独特性不够，支撑不起其他类型的社会话语所不能支撑的一份价值，那就随时随地都有可能被其他类型的社会话语所替代，丧失自己存在的理由。交互性不够，就不能对其他类型的社会话语产生深切的感应，进而也就没有资格位列社会话语的总谱系内，至多只能以风化、散碎、幽闭的形态，类似文物或化石那样，作为毫无活性和生机的话语陈迹或信息木乃伊，被其他话语打捞、诊断和解析、阐释，而不能反过来折射或激活其他话语及至整个时代的现实。

这么一想，在一个知识爆炸、信息的产出和流通都极度过剩，并且无可遏阻的时代，文学需要面对的挑战看似只在内部的坚守，实际上更在外部的关联和吸纳。唯有向外更主动、更广泛、更深远，也更审慎、更考究、更智慧的关联和吸纳，才能使文学自身的主体更强大、神气更充盈、价值更鲜明、姿态更积极、功能更活跃。无论如何，我们已经不能想象：一个在面对社会的认识、理解和描述方面远逊于现代社会科学的专业常识水准，在面对人自身的认识、理解和描述方面远逊于现代心理学、医学和哲学的专业常识水准，甚至在面对自然界的认识、理解和描述方面也完全够不着现代自然科学各分支的专业常识水准的文学话语形态，还有多少理由继续趾高气昂地傲对世人，并且还奢望继续赢得人们的尊重、拨动人们的心弦、引领人们的思想。一言蔽之，新的分工带来新的发展，也源于新的发展。文学要不落伍于时代，首先必须和发展中的其他社会分工领域的各行各业对得上话，然后更进一步，还要能够接着它们的话茬，说出自己所能奉献给这个时代的那些有意义、有价值、有活力的话来。

在这本只图从一片新书的汪洋之中舀取一瓢饮的荐书短文的小集子里，我自知每选一本书、每写下介绍和概述一本书的一段话时，都是抱着这种为了文学而向文学以外的世界认真对话的心态。将近六年的时间，几乎月月为此花费时间、心力，以为已经介绍了很多、写下了很多，归置起来，才知道其实是如此单薄。恐怕连"弱水三千但取一瓢饮"的比喻，也属夸张了。汗颜之余，除了与这些用了很大力气写但终于还是不成样子的小文一直面对的读者——广大作家朋友们，继续共勉，争取在读书阅世的道路上能更勤奋也更弘放一些，或许还能立志发愿做得更切实的，就是把今后各样的写作都锤炼得成色更足、更配得上一个崭新而速变的时代。

李林荣

2018 年 6 月 2 日

目 录

Contents

《北京的胡同四合院》/ 001
《弗罗斯特诗选：英汉对照》/ 003
《远去的文学时代》/ 005
《百姓生活记忆：上海故事》/ 007
《现代学人谜案》/ 009
《大故宫 2》/ 011
《像史学家一样逛北京》/ 012
《明朝没有沈万三：顾诚文史札记》/ 013
《王学泰自选集：岁月留声》/ 015
《张梦阳散文精品集》/ 017
《朱光潜美的人生》/ 019
《访美记》/ 020
《在意义天际的写作》/ 022
《我们曾历经沧桑》/ 024
《逸事：北京师范大学人文纪实》/ 026
《话题 2012》/ 027
《沈从文家书［1966—1976］》/ 029

《花边新闻：另类中国记者史》/ 031

《文学江湖》/ 032

《日子里的中国：咱老百姓这20年》/ 034

《父亲那场永不止息的战争》/ 036

《影像的力量》/ 038

《黑洞：弘光纪事》/ 039

《香：文学·历史·生活》/ 041

《梁》/ 043

《处在十字路口的选择：1956—1957年的中国》/ 045

《像唐诗一样生活》/ 047

《王国维家事》/ 048

《鸳鸯谱》/ 050

《中韩文化谈》/ 052

《东瀛品梅》/ 054

《1966—1976的地下文学》/ 056

《国会现场1911—1928》/ 058

《谒无名思想家墓》/ 060

《徒步中国》/ 062

《台湾四百年》/ 064

《当历史可以观看》/ 066

《思想利器：当代中国研究的史料问题》/ 068

《中国现代文学编年史——以文学广告为中心》/ 070

《北大中文系第一课》/ 072

《中国化的日本》/ 074

《中国国民性演变历程》/ 076

《南画十六观》/ 077

《敬重与惜别》(改定版) / 079

《他们的中国》/ 081

《你们是你们，我是我》/ 083

《我的人生故事》/ 084

《顾准历史笔记》/ 085

《最后的儒家》(2013版) / 087

《身边的江湖》/ 089

《〈世界文学〉中的美术》/ 090

《唐诗三论：诗歌的结构主义批评》/ 092

《宁静的地平线》/ 093

《中国都市史》/ 095

《船头》/ 097

《重构近代中国：中国历史写作中的想象与真实》/ 099

《周策纵作品集1：忆己怀人》/ 101

《书风法雨》/ 103

《一个人和新疆：周涛口述自传》/ 104

《野渡》/ 106

《误解的对话：德国汉学家的中国记忆》/ 107

《哈佛日本文明简史》(插图修订版) / 109

《古希腊艺术》(插图版) / 111

《现代英文选评注》/ 113

《赖床》/ 115

《全球化与文化政治》/ 117

《政治的细节》/ 118

《中国艺术与文化》(插图修订版) / 120

《正方形的乡愁》/ 122

《京都流年》/ 124

《我读:读书,让我们不再孤单》/ 125

《共和中的帝制》/ 127

《中国现代小说史》/ 129

《论中国文学》/ 131

《经典作家十五讲》/ 133

《禅定荒野》/ 135

《罗马人》(插图第4版) / 137

《丛林故事》(汉英对照全2册) / 139

《国学与中国人文》/ 141

《清日战争》/ 143

《日常生活的启蒙者》/ 145

《威尼斯与阿姆斯特丹:十七世纪城市精英研究》/ 147

《记忆的风景》/ 149

《讲学札记》/ 151

《北京老照片的故事》/ 153

《小辰光》/ 155

《巍巍正阳》/ 157

《天崩地解——黄宗羲传》/ 159

《且借纸遁》/ 161

《鱼羊野史·第2卷》/ 163

《陈寅恪的学说》/ 165

《中国古代文化常识》/ 167

《内外之间：屏风意义的唐宋转型》/ 169

《特权：哈佛与统治阶层的教育》/ 171

《大师与经典》/ 173

《波斯札记》/ 175

《明清之际士大夫研究》/ 177

《明治维新的国度》/ 179

《中国神话传说》(简明版) / 181

《文学史微观察》/ 182

《当代文学批评》/ 184

《古典社会学理论》/ 186

《群氓之族》/ 188

《我是怎样拍电影的》/ 190

《东京留学记忆》/ 192

《耶鲁大学公开课：政治哲学》/ 193

《文学阅读指南》/ 195

《我们应有的反思》/ 196

《德国与中国：历史中的相遇》/ 197

《多元文化时代的比较文学》/ 199

《写作人生》/ 201

《去波斯湾看海》/ 203

《丝绸之路新史》/ 205

《索尔·贝娄访谈录：在我离去之前，结清我的账目》/ 207

《再见大师》/ 209

《古典传统》/ 211

《国际关系的文化理论》/ 213

《中国的近代性：1840～1919》/ 215

《科学精英：求解斯芬克斯之谜的人们》/ 216

《这不可能的艺术：瑞典现代作家群像》/ 218

《乔忠延客体散文》/ 220

《她从聊斋来》/ 221

《耶鲁文学小历史》/ 222

《东大爸爸写给我的日本史 2》/ 224

《人歌人哭大旗前》/ 226

《宫崎市定中国史》/ 228

《鲁迅　救亡之梦的去向：从恶魔派诗人论到〈狂人日记〉》/ 229

《论德国浪漫派》/ 231

《论因特网》/ 232

《吉他琴的呜咽：西语文学地图》/ 234

《百年旧痕》/ 236

《上学记》(增订版) / 238

《莎士比亚的动荡世界》/ 240

《我们生活的时代》/ 242

《启蒙：一个欧洲项目》/ 244

《创造社与日本文学》/ 246

《十二幅地图中的世界史》/ 248

《戏剧的故事》/ 250

《哥伦比亚中国文学史》/ 252

《无悔》/ 254

《福柯的最后一课》/ 256

《藩屏：明代中国的皇家艺术与权力》/ 258

《唐人小说》/ 260

《文明对话中的儒家：21世纪访谈》/ 262

《炮声中的电影：中日电影前史》/ 264

《未竟的往昔：法国知识分子，1944—1956》/ 266

《文学回忆录》/ 268

《超越帝国》/ 270

《"左联"与左翼文学运动》/ 272

《直觉》/ 274

《文明的滴定》/ 276

《思念集》/ 278

《见惯而怪之》/ 280

《老街童话》/ 281

《北京的城墙与城门》/ 282

《我的非洲之旅》/ 285

《地理学与生活》/ 287

《回望》/ 290

《人情之美》/ 292

《治村》/ 294

《诗人郑珍与中国现代性的崛起》/ 296

《小说修辞学》/ 299

《沈寂人物琐忆》/ 301

《维多利亚时代的互联网》/ 304

《红军长征记》(全二册) / 306

《畅销作家写作全技巧》/ 310

《中国文化传统的六个面向》/ 313

《心画》/ 315

《文学理论》/ 318

《散文是同亲人谈心》/ 320

《巴黎文学地图》/ 322

《古诗十九首初探》/ 324

《亚洲史概说》/ 327

《北京的隐秘角落》/ 330

《与尼采一起生活》/ 333

《卡夫卡谜题》/ 336

《中国思想史》/ 338

《通向哲学的后楼梯》/ 341

《陇中手艺》/ 343

《张恨水传》/ 345

《美国电影　美国文化》/ 348

《如何写影评》/ 350

《心灵革命》/ 352

《中国哲学文献选编》/ 355

《中国叙事学》(第 2 版) / 359

《北京的胡同四合院》

首都博物馆、北京市档案馆编
北京燕山出版社 2012 年 6 月出版

    一座城市的精神,可以概括为某些词语、口号。但光靠词语和口号,城市的精神无法留驻太久,也不能尽显韵致。作为人类文化本身的一种形式,城市归根结底,还是要靠建筑群落的空间格局和组成这一格局的单体建筑的形制特色,来凝聚和展示自己的魂魄。而一座有活力、有传统的城市,通常也就是一座它的整体建筑格局和地标建筑,总能够在变与不变的动态均衡中,保持自己稳重风度的城市。

    在这个意义上,北京的胡同、四合院,既以它们在城区局部遗存至今、功能不废的鲜活状态,标志着首都精神中传统生生不息的一面,也以它们在更大范围内的快速消失,映衬出城市建设和文化空间与时俱进的急剧交变和步伐错杂,在当今的北京,是何等地宏阔激越、深广有力。

    对胡同、四合院与新老北京的故事,做过讲述和图示的书,早已不止一部。不过,大多要么专业资料充塞过度,而失之枯燥乏味;要么图文匹配过于新闻化,而失之皮相滥情。

这部《北京的胡同四合院》，是首都博物馆今年暑期出台的一个同名专题展览的纸介质印刷版。全书内容安排，完全依循了立体布展、顺应一般非专业受众认知习惯的移步换景、步步纵深的空间架构。

第一单元"胡同"的三部分"演变""走向"和"风物"，自古而今，由表及里，把胡同的北京史和北京味，介绍了个"底儿掉"；第二单元"四合院"的三部分"布局""类型"和"装饰"，则如远景推近，从俯瞰宏观，到趋近凝视，一来二去，就让人对"四合院"的道地本色，有了"门儿清"的感觉；而第三单元"人家"里的"生活""起居"和"穿戴游艺"三部分，合在一起拼成的带着细节和动态的生活场景，不但能给爱怀旧、访旧的人做个参照，更可以用来给时下影视媒介里流行的伪民俗、假古董正本清源。

书里实物实景照片近千幅，或直拍古物文献，或取自近年街景，都很珍贵。因为前者属博物馆珍藏，寻常稀见；后者更不得了，已在消失中。

《弗罗斯特诗选：英汉对照》

[美] 弗罗斯特（Frost, R.）著 江枫译
外语教学与研究出版社 2012 年 3 月出版

中国现代文学是近现代中外文化、文学汇流的产物，体现在具体作家作品层面，就是几乎所有有特色的中国现代文学作品和有成就的中国现代作家背后，都或远或近、或清晰或模糊地闪现着某些外国文学作品或作家的踪影。

这不是现代文学情境中的许多中国读者，会有意无意地喜欢或者关注某些域外作家作品的全部理由，但很可能是相当重要的一部分理由。即使在文学鉴赏的世界里，彻底非亲非故、丝毫沾不上边的好恶臧否，也不容易站住脚。美国诗人弗罗斯特（1874—1963），是从中国新文学的开拓者们在白话新诗的道路上刚蹒跚学步的时候起，就开始在他们背后现身的外国有名的诗人之一。新月派早期成员叶公超，20 世纪 20 年代初期留美期间甚至直接在他指导下出了一本英文诗集。

此后，弗罗斯特的诗作，既吸引也培养了好几代中国新诗坛的作者、读者和译者。在大量的小说和散文之外，同样也能把少量的诗写得神完气足的当代作家张承志，曾有过"美文不可译"的说法。他所

指的"美文",当然不是凭绚词丽句的所谓形式美取胜或者取媚于时人的那路作品,而是植根于现实的大地、带着从日常生活的土壤里而来的一股浑厚、素朴、纯净的力量和气息的作品。

弗罗斯特的诗多属这样的"美文",它在中国众多的诗人以及诗的读者和译者面前所展现的魅力,是形神兼备、表里贯通的,它的每一位出色的译者,其实同时也是出色的诗人,并且在作为诗人的这方面,具有和它的原作者弗罗斯特同等境界的旨趣。这部悉心编排、在版式上严格做到了英汉双语行行对应的《弗罗斯特诗选》,用它精确到每一个韵脚、每一个字眼的诗与诗、诗人与诗人双重对话的推敲和翻译,证明了如今站在弗罗斯特及其诗作前面的江枫先生,无论是对原作还是对读者,都是多么可靠。

《远去的文学时代》

黄子平著　复旦大学出版社 2012 年 1 月出版

　　《远去的文学时代》是黄子平先生的"三十年集",内收 1980 至 2010 年 30 年间黄子平所写的各体文章 44 篇,另有自述为文立世的特别心迹和关键遭逢的三文《害怕写作》《喜欢阅读》《那些年里的读和写》,作为附录殿后。"三十年集"丛书,问世两年多,至今积有近 40 册,插架以观,明星煌煌,"新时期"一代新青年里跻身为当今文史哲各领域中坚的人物,南北东西,海内海外,赫然就列,荟萃一堂。

　　在这之中,黄子平的大名和他这本《远去的文学时代》的书名,最容易让那些至今尚怀有"80 年代"文学情结的人,感觉到一种他乡遇故知的亲切和温暖。从纵论林斤澜小说的"沉思的老树的精灵",到近乎"八五新潮"宣言的"深刻的片面",再到为当代文学的红色经典和两岸三地版图别开理论视野新生面的"灰阑中的叙述""革命·土匪·英雄传奇",以及在散文世界里"打酱油"的"故乡的食物"、在鲁迅杂文的天地里为"学匪""脏话""风度"和"幻象"所做的文化"考古",黄子平身为批评家和学者的 30 年文字生涯里,闪亮、转折和游走、拓展的各处关节点，以及过渡其间的重要细节，都悉数陈列在这部40余万字、340多页的厚书里。

封面上和扉页后的几帧照片可以充分显示，黄子平的发型和面容居然30年没有显著的改变，这一如他在书中谈论和研议文学的文笔和思维风格，把一种形式诙谐而内里严峻的力度和温度，穿越时代，横亘到了当前。

"一份执著，一份眷恋，一种信念，一种姿态"，这是封面作者像下的一行小字标注，似乎是"三十年集"共用的广告语，但它在黄子平这里，显然更贴切。因为在黄子平先生投身30年的这一行里，已经没有别的什么比这四样更稀缺也更可贵的了。

《百姓生活记忆：上海故事》

上海影像工作室著

学林出版社 2012 年 4 月出版

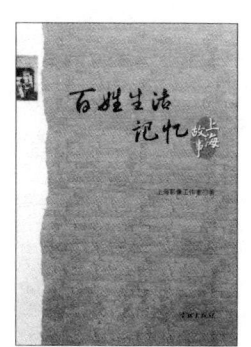

若论近代以降，中国最有故事的城市是哪儿，上海即便算不得无与伦比的"唯一"，也绝对该是名列前茅的"之一"。不过，讲好上海的故事，可真不容易。戏曲、影像、小说以至社会学、历史学研究的世界里，海派的风旗猎猎飘扬了一个多世纪，上海的故事却似刚刚开了个头。

之所以如此，一个要紧的原因兴许就在于：以往种种上海故事的讲法，多有意无意地走了视点和立意不是太高就是太低的两极化路数。而偏偏一般人对一座城市所特有的风土气息、生活氛围、文化品质的感触，多来自那种比理论概括的凌空高蹈要低得多，比蹲在私人经验的地面上又要高得多的，能跟城市公共生活空间的中层，取平视角度的特定方位上。这本从上海电视台热播了一年多的一档专题片脱胎而来的《百姓生活记忆》，呈现出的就是一种过去很难见到的、很典型的平视着城市公共生活空间各维度的上海故事的场景。

在这一场景中，宏观地标形态的"文化广场""鸳鸯楼""小菜场""淮国旧",微观符号形态的"宣传画""老师傅""恋爱日记""老电影""女劳模时装""数理化自学丛书""纪录片《中国》",以及看似琐屑的 8 块钱的家常储蓄、"电线木头"上的换房小广告、弄堂小孩的乒乓热,与足可载入正史的里弄生产组、崇明大围垦、虹口犹太难民区等大话题,都得到了同等翔切、同等温暖的寻访和追述。

更难能可贵的是,这本由多位青年作者集体合撰的"上海故事",全书各篇的语言表述,都保持了似话家常的从容晓畅、恬淡风趣和如出一人一腔的个性化的细腻婉转,让人从中分明感觉到沪上风情的文思趣味在徐徐漾起,却丝毫不必领受寻常影视节目配套书文笔上难免的憨直、粗陋。

《现代学人谜案》

散木著　金城出版社 2012 年 3 月出版

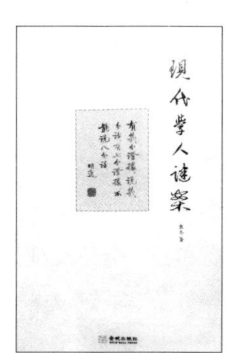

　　印象中，本名郭汾阳的散木先生，是一位精于现代文学史料考订而又勤于写作的长者。早在十多年前，作者署为"散木"的许多勘查鲁迅生平和著作方面有趣细节的清通短文，就开始引得我暗加关注。后来读到一部以鲁迅诗句"于无声处听惊雷"为名的论鲁迅与文网的专著，从作者简介才知道，"散木"这古朴的笔名，原来代表的是位"五年级下半学期"生的中生代学者。同时，还发现散木在学术史领域的探求、归集所及，并不仅以文学这块地盘为限，而是远逾出一科一界的边际，大有凡"林"之所存、"木"之所在，皆在其觳中的气派。

　　《现代学人谜案》这本新书，再度显出这样的格局。全书 13 篇，落在各篇论究聚焦点上的男一号主角，就有 14 位之多：黄远生、夏瑞芳、刘师培、丁则良、老舍、季羡林、翦伯赞、胡适、徐高阮、张其昀、卫聚贤、陈寅恪、鲁迅、王国维、何兆武。

　　其中，分量最重的，或许当推揭示黄远生和夏瑞芳"枉死"真相、探析刘师培人生曲折、记述翦伯赞"退不失行"，以及彰显张其昀、卫聚贤被社会和时代的烟雨风云所湮没的生平行迹的 5 篇。追索丁则良为"缄默的尊严"而赴死、徐高阮"告别革命"而沉沦的前因后果的两篇,也很耐寻味。而有关王国维自沉、老舍纠结、季羡林的胡适观、陈寅恪与鲁迅交往、何兆武《上学记》的几篇,则相形之下,在材料和剖析上略显平淡了些。

但文有文眼,书有书胆,这本书拢共 15 万字、169 页,丰厚的史料和精到的阐释迭出互见的部分占到了一多半,再加之通贯全书的雅驯而不乏机趣的文字,也颇可单独赏读,整体看来,完全可谓货真价实。

《大故宫 2》

阎崇年著　长江文艺出版社 2012 年 7 月出版

作为央视"百家讲坛"节目的资深主讲人,阎崇年先生致力明清史、特别是明清帝王身世和宫廷生活研究方面专业知识的大众化普及,持续多年,卓然有成。今年他新讲的"大故宫"系列,出历史之"经"而入地理之"纬",化时间为空间,融人事于物象,较之从前所讲,有别开生面的新意。这一点在以"内廷禁地""东西六宫"为讲解对象的《大故宫 2》中,体现得更为突出。

与讲坛节目相对应,这本书分 20 个专题,从紫禁城中轴线上的乾清门开始,大体依由中而侧、从南向北、先东后西的顺序,交代了交泰殿、坤宁宫、养心殿及东西六宫的建筑沿革、管理制度和曾住者的起居常例,此外,也约略穿插补叙了宁寿宫和颐和园等处情形。

在展示史实人物方面,《大故宫 2》有三个明显特点,一是贯通了明清两代,二是多着眼于日常细节,三是阐释评点显见了批判锋芒。而在文字的简洁、表意的凝练和析理的精粹上,这书也足证一位前辈史学家驭繁为简、老吏断狱的功力。

《像史学家一样逛北京》

窦欣平著　北京燕山出版社 2012 年 9 月出版

这本封面、书脊、封底一水儿青瓷底色的书，乍看起来面相非常素朴，但它的装帧和印制其实相当精心。书中百余幅照片虽皆为黑白，但都处理得画面清晰、版式严整。

恰如作者和审读者所说，这是一册直接、好看、有效的深度"北京游"的读本，也是一部徜徉北京都城建筑的读史杂考。故宫、北海、景山、颐和园、圆明园、香山、天坛、地坛、雍和宫、国子监、孔庙、十三陵、长城，这些北京的历史名胜，幸赖作者勤奋的爬梳和归置，一一显露了它们成型于世、迁延于史、存身于今的身世底细。

众多北京史和首都文博界专家的评议，可以证明，论取材的严谨和表述的恰切，这书都对得住它的名字：像史学家一样。

《明朝没有沈万三：顾诚文史札记》

顾诚著　光明日报出版社 2012 年 10 月出版

"我是个对文学颇有爱好的人，同时又有点考据癖，遇事喜欢盘根究底。"这是标在《明朝没有沈万三：顾诚文史札记》封面上的一句著者自述。它出自书中一篇题为《从李自成的诗谈起》的短文。

文虽简短，却有"干货"，先是澄清被近十种史学书刊中反复征引、指认为李自成珍贵遗作的四句七言诗，其实并不见载于历史文献，而是最早出自 1963 年问世的历史小说《李自成》第一卷，完全是作家艺术虚构的产物，随后，又对李自成夫人的姓与名以及郝摇旗的身份和经历，在小说与史载中的歧异，做了揭示。

类似这样结实而有趣的文章，在这本共收录了 39 篇札记、随笔、评传的文集里，还有很多。

其中，篇幅最厚重、考证最详密、文体也最学术化的是《沈万三及其家族事迹考》：不仅把民间和学界一向共同认定为明人的"江南首富"沈万三，还原回了他本来所处的元代，顺带也梳理了沈氏家族衰败的过程和缘由。而探讨李自成和张献忠历史面目异同、张献忠与文人关系真相、钦定《明史》"奸臣传"的微意等话题的其余篇目，则多如谈李自成诗的短文一样，精干凝练，举重若轻，既显现着去伪存真、匡谬辨正的严谨学术态度，又流露着围炉夜话似的亲切和风趣。

这本书，是以明史研究著称于海内外的北师大已故教授顾诚先生身后所出的五卷本系列文集之一，其所选诸文的议题和写法，在整套文集中，都算得上是最通俗、最大众化的，因而也最适合非专业的史学爱好者阅读。

《王学泰自选集：岁月留声》

王学泰著　中国华侨出版社 2012 年 9 月出版

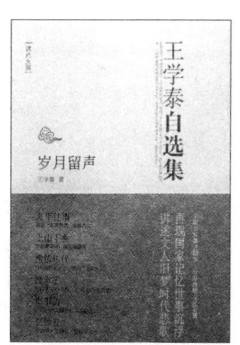

在轻浅的网络热词风起浪涌、层出不穷的当今年代，传统书面写作领域产出的学术语辞和学理概念，已经很难有机会广为流行。但也并非绝无例外，王学泰先生的"游民文化"和吴思先生的"潜规则"，就从学术话语圈成功地进驻到了社会热词的大潮中，并且在那儿一待就是十来年，至今余热不退。

究其缘由，一个关键，就在于它们原生的语境和文体，本身就具备了一份足以轻松逾越一般学科疆界的、既引人入胜又发人深省的独特魅力。这种魅力，照理不会仅从一本书里突现，也不会到一本书为止，合该延展为一个过程。

王学泰先生新出的四卷本自选集，正可确证这一点。四卷书中，《岁月留声》专载记述作者亲身际遇的篇章，读来尤觉亲切、细腻、生动、有趣。全书 20 余万字，分"少年游""京华忆旧""往哲昔贤"三辑，共含 48 篇文章。

论体裁，各篇中有的像鲁迅"朝花夕拾"式的散文，有的又像邓云乡"燕京乡土记"式的随笔,另有少量,则跟时下报刊上常见的文化时评相类。不过,在《岁月留声》的"朝花夕拾"里,除了一笔笔关于自我遭逢和世态人情的曲折冷暖、流转变迁的刻画与叙述之外,更映现着整个北京城的一段历史生活画卷。

而这幅画卷,在时间点上又恰好接续了邓云乡先生的"燕京乡土记",落墨着色的重心,完全落在云乡先生的"乡土记"较少涉及的20世纪40年代中期以后的二三十年。如此厚实新颖的内容,再辅以洗练、温润的笔致,使全书气象自然更见别致、稳重、旷达。

《张梦阳散文精品集》

张梦阳著　南海出版公司2012年8月出版

文字劳作能帮助人发现世界，更能帮助人发现自己。

用张梦阳先生自己的话说，就是他先以鲁迅研究资料汇编的编纂，发现了鲁迅研究的世界，同时也发现了有可能涉足这一世界的一个新的自己。接着，他又通过阿Q形象和鲁迅改造国民性思想的研究，发现了一个能够直接从事鲁迅本体研究的自己。往后，鲁迅学通史长卷的著成，让他进而发现了一个有力量尝试开拓和建构一个学术史范型的自己。

今年年初面市的长篇小说体鲁迅传《会稽耻》和新近结集出版的中国当代文学百家丛书之一《张梦阳散文精品集》，则让张梦阳先生发现自己在笔墨生涯上最深切的追求，不纯在学术而更在文学，不纯在理论的推究而更在情思的抒写。

这部见证作者文学才情的"散文精品集"，收录作者近年散文新作近60篇。其中，不乏《"闲思"琐话》《迎风冒雪访雪芹》《退谷四乐》《奇崛的峭石》《记我的老师——散文家韩少华》《科罗拉多的晚霞》

一类颇具辞章之美和情趣之妙的佳构,也多有《难得"清高"》《幸福全在"大部头"》一类闪烁着喻世、明理、励志的个性光彩的小品。

但通览全书,最可贵也最耐寻味的一层蕴味,还在于它整体上呈现出的一种直面人生和社会、正视自我和现实的少雕饰、非虚构的品格。也许,这正是一位不仅能够有缘入于学术、而且更能够有幸不溺于学术的学者型作家,所体察到的一种最可贵的人品和文品。

《朱光潜美的人生》

朱光潜著　新世界出版社 2012 年 10 月出版

在读书圈、出版界弥漫的一片怀旧气息和"民国"风尚中,多的是一厢情愿和单相思式的遥望、转述和演义、拟态,缺的是出自历史现场的高保真度的"声音"和话语记录,因而也就更谈不上展开今昔之间的两相对观和对话了。

从这个意义上看,类似《朱光潜美的人生》这样,直接采撷"民国"时代场景下学术名家对青年大众谈人生的专文,精心编排,新版新装,重现当年社会人文景象之一端的文集,就显得别有一番意义。

一位教育背景横跨中西、学术根植会通文学、哲学、心理学的美学家和教育家,在他功成名就、正当人生和事业的盛年之际,面对即将步入社会的青年一代,将如何把他自己精深的专业学养和成功的生活经验,平和、清晰、通俗地转化成一套可以入耳、入心的谆谆教诲和一条条可感、可行的具体建议?

这本保留着历史现场鲜活对话气息的昔日的名家励志文集,对此所做的示范,或许在今天,无论是对期待类似答案的新一代青年,还是本该为他们适时解惑的新一代为人师长者,都能有些他山之石似的镜鉴参考价值。

《访美记》

胡舒立著　中信出版社 2012 年 11 月出版

这本书的副题"新闻专业主义理念下的观察与写作",无疑有点特别招徕新闻业界读者的意思。但通读之后,会觉得,全书的实际内容,用作者写在前言开篇的那句话来加以概括,是最贴切不过的:"这本书,记载了 25 年前一名中国新闻记者眼里的美国报纸界。"

很明显,在报纸和报业已经从西方到东方被广泛唱衰的今天,这本 25 年前中国记者走访美国报界的见闻感思录,显露着一种具有同期声纪录片效果的历史文献风貌。而如果更进一步,借着这本书的帮助,对于 25 年前包括报纸在内的整个中国新闻媒介行业,还没有像后来这样日益深入地倚重广告经营,对新闻事业从单纯的"宣传"向更为丰富的"信息传播"的转型和改革,也还充满质朴期待与炽热激情的那段岁月,稍作重温,那么,再回身反观时下甚嚣尘上的报纸、报业衰退论,就不难感到:能衰退的,只有某种传播介质和经营模式,不能衰退的,是新闻行业守护人类现代文明底线的文化品质和精神内涵。这么一看，报纸或将衰微，报业必当长兴。

于是，穿越25年时光、横跨中美两国而来的这本书，似乎又以它所包含的7段报人的日常工作故事、7家报纸的历史现状介绍、4篇报业体制现象评述，传递了一种值得新闻工作者镜鉴和传续、同时也需要更多人珍念和维护的行业文化风范。

《在意义天际的写作》

[叙] 阿多尼斯著　薛庆国、尤梅译
外语教学与研究出版社 2012 年 9 月出版

年逾八旬的叙利亚诗人阿多尼斯，自青年时期在祖国遭受社会运动冲击，就开始了从西亚到欧洲去国远游、旷日持久的流亡生活。

不过，照他本人所说："流亡与地理无关，它是一种经验，不仅局限于从出生地移居到另一个国家。当我在自己的语言之中，又说着另一种语言，我便处于一种流亡状态：被语言流放或在语言中流亡。""对我而言，流亡地不是在外部，而是在内部。""我要成为我自己，就应该把自己从这个流亡地流放。不是流放到国外，而是流放在这个流亡地的内部——在我的民族、文化和语言内部。我应该在祖国与流亡地之外，创造另一个所在。""在此，阿拉伯语是我的语言，是我人类和文化归属的语言，它是那个所在的轴心，是它的土壤，是天际，是意义的要素，是反叛的空间和自由的天空。"

现在，这位享有"当今最大胆、最引人注目的阿拉伯诗人"之誉的文化流亡者，在中文世界里有了他首次以散文和论文作者的面貌亮相的这本文集。全书包括上引前言一篇和正文三辑。

第一辑收论文 13 篇，均为近年新作，话题聚焦于新世纪以来美式全球化潮流与阿拉伯国家和阿拉伯文化间益趋紧张、复杂的热点争端。观念探讨和思想辩难如利剑双刃，对阿拉伯世界自身及其"他者"，都极具批判力度和反思深度，而且把立场和主旨始终都归结在了自我反思的一边，殊可敬畏。

第二辑收诗论 9 篇，文笔轻灵雅致，幽微的创作经验谈和宏阔的理论阐发交相映衬。读之令人易起索其诗作以求印证的兴致。

第三辑收文 9 篇，论体裁，皆属以纪实为底色的散文。细看，则有散文诗、诗和散文几种体例分别独立和交互穿插的不同表现。而对中国读者来说，这辑中最觉亲切的，一定是篇幅最长的那篇美文《北京与上海之行：云翳波下中国的墨汁》。

作为一本译文集，译笔的清通明晰和编校的熨帖精当，也为原作跨语种、跨文化的旅行和重构增色匪浅。

《我们曾历经沧桑》

邢小群著　浙江人民出版社 2012 年 11 月出版

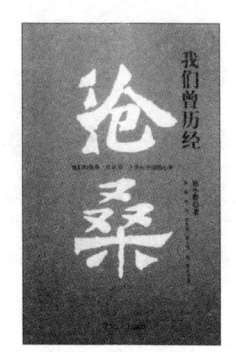

　　一部口述实录,五位讲述者,两位"20 后"、两位"50 后"、一位"30 后",五段人生故事,三代人的悲欢离合和苦辣酸甜。贯穿其间的一个主题,就是书名中所示的"沧桑"。

　　"沧桑"之谓,形容巨变。全书五位主角,人生道路上共同经历的巨变,都源自大时代的转折,但在这种转折中,各人的选择和际遇却迥然有异。

　　书中先上场的灰娃、何方两位前辈,皆为 20 世纪 20 年代生人,都是少年时期就奔赴延安根据地,具有光荣的"红小鬼"出身,称得上是年轻的老革命。他们所经历的,是"革命时代"的沧桑。在革命时代的洪流中,个人的选择和际遇,尽管事后不妨往细里说,以显出更多、更具体的个性纹脉,但实际上这一切在过往的当时和历史的现场中,只能汇入泾渭分明、两相对立的价值框架,经受非此即彼、不进则退的粗放型的取舍。因而,遥隔时空,长距离回望,革命一代的沧桑感触中,多的是对自己早年生命经验曾有过的那些细腻、温和的存在的追怀、想像和留恋。在这点上,晚年奇异地步入了诗写作领域的灰娃,显然是幸运的,她在书中讲述的故事也生动、充实得多。

"50后"的贺延光和李大同,则是传奇的一代,他们遭逢了一个"斗争时代",作为那个时代青年群体中的强者和勇者,他们有机会把时代的强压,蕴积转化成一种反击时代的个性力量。这使得他们的口述回忆,多了一层"要胜利必须要奋斗"的乐观、进取的亮色,也透出一些好汉必有当年勇的豪气。

书中压轴的口述者是"30后"数学家杨乐,在三十来年前的"科学的春天"降临之际,他曾与陈景润一道,赢得了一代立志勇攀科学高峰的青少年的共同敬仰。杨乐是那个"科学的春天"的标志人物之一,也是那个美好春天的一位实实在在的受益者。从他在书中对此的忆述看,他的沧桑感在当时和现在都一样是甜蜜的,因为他经历的,是整个民族和国家的建设时代终于真正到来的喜剧时代。

《逸事：北京师范大学人文纪实》

刘川生主编　光明日报出版社 2012 年 9 月出版

　　一所有品位、有魅力的现代大学，有很多专业化的衡量指标。但对社会大众来说，有关一所大学的许多可以记得住和值得传下去的有趣而又有蕴味的故事，远比这大学各种枯燥、冷硬的办学设施指标之类的数据，更容易造成历久弥新、深刻鲜明的好印象。

　　简单地说，就是好大学首先应该有很多平易近人、温暖可心的好故事。从文献上看，在现代中国，故事最多的大学是北大。可从道理上讲，应该有最多好故事的大学，得是北师大才对。而这，唯因它该是专门培育和造就中国最好老师的最好的大学。

　　这部从北师大校刊上精选师生生活故事而编成的文集《逸事》，存留和凸显了展示新中国成立后、尤其是进入新时期以来北师大师生日常生活风采的 70 余篇故事。多乎哉？不多也，却也聊胜于无。更好更多的北师大故事，期待今后再出续集。

《话题 2012》

杨早、萨支山编　北京三联书店 2013 年 1 月出版

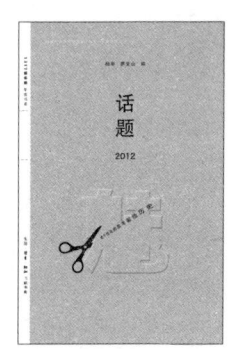

从 2005 到 2012 年,"年度话题系列"已经出到了第八个年头。在媒体运作和信息流转越来越快,热门和焦点的推移、变换常比一阵旋风还急的年代,杨早、萨支山编创的这本年刊性质的图书,仿佛开设在闹市通衢中的一间优雅的茶座或者咖啡屋。"谈笑有鸿儒,往来无白丁",座上客清一色都是学者,而学者们隔窗凝望的风景、把盏畅叙的话题,又全属一派红尘。

这正像当年鲁迅在演讲《今春的两种感想》中所希望的那样:我们的眼光,应该在"收得极近"的聚焦自身和"放得太远"的遥看地球以外这两极之间,多一点中等距离的散射,注意社会实际问题。

落在《话题 2012 年》的取景框里的 11 个"专题"和 10 个"微话题",从"手抄讲话""韩三篇""双非""钓鱼岛""学雷锋""《赛德克·巴莱》登陆""宫斗和穿越""屌丝""舌尖",到"反日游行""暴雨北京""好声音""归真堂"等等,几乎把所有碰巧在 2012 年的中国成了"问题"和"话题"的现象一网打尽。

但囊括全景，还并非这本书的特色。它杜绝了简单的材料裸聚，实行了穿透现象看本质的理论沙盘上的问题和话题的重建。正如书中"专题讨论"部分的多位参与者所述，书中有关这些话题的梳理和探究，实际上取着"论文"的形式。而随附每篇"论文"之后的众声喧哗式的简短讨论，更进一步把这种形式扩展成了一场场小型的、纸平面介质上的圆桌对话。

按照专业术语，或许可以说这是一场跨学科、跨文化实践的"文化研究"雅集。不过，用鲁迅的说法也许更贴切，展现在这里的，更是一群读书人既不那么近、也不那么远地察看十字街头风流云散又一年的热切眼光。

《沈从文家书［1966—1976］》

沈从文著　新星出版社 2012 年 12 月出版

历史人物的幸运和不幸往往一体两面，载入文学史册的沈从文先生，也不例外。进入 20 世纪后半叶，他倏忽间从文坛隐退，临近生命的最后 10 年，他又像出土文物一般，突然被重新发现，并且大放异彩。

然而这之间沉埋于文坛地平线以下的那些岁月，他的遭际和心境具体究竟如何？跨时代之际的一次轻生，以及随后近 30 年从媒介空间里的销声匿迹，合起来，既消抹，也板结了这个问题的答案。这期间他好像随着他的新职业，停留在了古代。

如今，刘红庆先生编选整理的这部《沈从文家书》，终于使虽然沉默、但绝没有放弃思索的"离乱期"的沈从文，有了面向社会倾诉自己的机会。

83 封信，28 万字，都是荒唐岁月 1966—1976 年间沈从文写给家人至亲的私信，下笔时毫无公诸世人之想，通邮间难避随处检审之险。然而，字里行间不但没有刻意回避政情世态，反倒对此常有热切的记述和明确的评议,读来令人如睹三四十年代时时主动置身舆论漩涡、坦然应对八面风来的盛年沈从文的神情风采。

穿插迭现在各信首尾的一处处自述健康和情绪状态的字句,则一概在流露半似魏晋、半似东坡的通脱风度。较之当前文学史叙述中的沈从文的刻板形象,这些来自陈旧书札中的消息,着实都是新鲜的。

《花边新闻：另类中国记者史》

孙金岭著　文化艺术出版社 2012 年 10 月出版

如作者孙金岭先生在书前考证，"花边新闻"180 年前源出域外，百余年前开始行布国内，于今已俱成久远往事。但针对写作和报道"花边新闻"的新闻记者自身的"花边新闻"，一向倒不多见。这本 34 万字的记者写记者的书，正可作为一份扎实的补白。

全书 5 章 24 篇，分别从婚恋、假冒、服饰、压力、交际几个角度，呈现和评析了现代中国记者职业生活和私人生活方面的诸多"花边新闻"，材料丰富，见识精当。

其中篇幅分量最重、读来令人感触最深的，是时间点落在改革开放以来最近这三十多年中的这部分内容。假冒记者在基层猖獗而拙劣的行骗，忠于职守的记者常年承受高强度工作压力，社会交际场合记者职业带来的酸甜苦辣，都是新闻行业圈外的一般读者所不易知、不易感的。

得力于作者朴实、生动、坦率的笔触，这些"花边新闻"还多在意趣横生之余，顺带披露出了作者个人成长和职业发展的种种切实的经历和心迹，可给有心的读者不少意外的启益。

《文学江湖》

王鼎钧著　生活·读书·新知三联书店
2013年1月出版

　　这本书是享誉海内外的旅美华文作家王鼎钧先生"回忆录四部曲"的第四部。从《昨天的云》《怒目少年》《关山夺路》，到《文学江湖》，这四部曲的初版跨越了1992—2009年18年的时光。

　　书中写到的岁月，也由中国社会新旧交变的上世纪二三十年代，绵延到了中华文化在海峡两岸分流的上世纪中叶以降的三十多年。坎坷人生路，幽明世事情，时代场景和个人遭际步步推移、一路变幻，不变的是贯穿四卷书的精粹文笔和练达见识。

　　作者在文坛素有的美文家的身份和形象，由此更折射出了史家的凝重底色和智者的思想光彩。较之四部曲中的前三部，《文学江湖》尤值得文学界同仁关注。其因有三：一是它的聚焦点在文坛；二是它所聚焦的文坛，恰是向来被20世纪50—70年代两岸间的森严阻隔所含糊了轮廓、遮蔽了细节的那个特殊年代的台湾文坛；三是它聚焦历史的方式，是时时处处皆有真"我"在场，而且每每总能把昨日之"我"的经验和今日之"我"的反思妥帖匹配、灵活交叉的那种内聚焦、双视点式的叙述,细致生动,透彻深切。

全书 32 篇,分"十年灯""十年乱花""十年一线天"三辑,既有依序显示三个十年风云递变的痕迹,更有分别侧重作者三十年岛内文坛生活中自我坚守、远近交游以及厕身政策夹缝这三个不同角度、不同层面情状的用意。书前有作者答问体自序一篇,可见作者文章老成、世情洞明的文体观和人生观。书后附"王鼎钧台湾时期文学生活大事记",胪列 1949—1978 年台湾文坛及周边重要人事,亦有参考意义。

随本书一道,包括首次在大陆以简体字版面市的这四册"回忆录四部曲"在内,三联新出的王鼎钧作品系列第一辑 8 册书中,还有作者的另一本自传体散文《碎琉璃》和一部自传体小说《山里山外》,文体和内容均可与"回忆录四部曲"互文参证,同样耐读。

《日子里的中国：
咱老百姓这 20 年》

袁岳、张军编著　中国经济出版社 2013 年 1 月出版

数字化时代的降临，使我们越来越多的生活体验，开始运行到数字世界。日常感觉中最简单、最清晰、也可靠的数字形态，是可以形诸明确图示、让人一目了然的那种线性变量关系。

《日子里的中国》这本书，就是一部把普通中国人 20 年来的生活方式变迁，具体地分解和细致地展示成了一幅幅如此直观而又如此丰富的数字图示的有趣图书。书中各项数据的来源，皆由成立 20 年之久的零点调查公司做品牌保证。

按照本书两位编者、零点集团的董事长袁岳和业务总裁张军在自序和后记中所说，这书本身就是零点公司致力民意和社会调查 20 年的一份业绩总结。从读者的角度，这完全可以看成赛过一切专家推荐的图书质量保证。

全书共分 7 篇，篇篇图文并茂，通体全彩色印制，图中有表，表中含数，数有释文，图、表、数、文四者合一，相得益彰。内容上，从反映生活节奏不断加速的时间篇"上紧发条的中国人"开始，经职

业篇"向上奋斗的中国人"、教育篇"等不及的中国人"、家庭篇"拆除藩篱的中国人"、婚恋篇"不要方圆的中国人",最后到消费篇"'花'儿怒放的中国人"、网络篇"被网住的中国人"作结,确实把20年来中国人日常生活中变化最大、最快的各个方面,都覆盖无遗。

而且,也许因为整本书都是用数字在说话,所以遍览之下,时见乍看之下出于意表之外、容后细想却又在预料之中的一个个亮点闪现。比如:2003—2009年,全国城市居民的周平均工作时间均超过40小时,2010年城市生活调查显示,人们对人生成功要素的认同比率中,勤奋努力仅占9.4%,机遇、才干技能和人脉关系三项,高居前列,合计比率几近50%。

《父亲那场永不止息的战争》

王明珂著　浙江人民出版社 2012 年 12 月出版

以社会学、人类学为业的学者，多善写作，或者说，他们本身的专业论文，多半总会带出些细摹世态人情的文学色彩。对这一点，在中国，最初的也是最集中的体现，可能是费孝通先生的著述。费孝通先生以下，传人不断，而且流风所及，不以大陆为限。《父亲那场永不止息的战争》这本书，就是一个明证。

作者现任台湾"中研院"研究员，以羌族及西南少数民族研究知名于历史人类学界，虽成学于哈佛张光直先生门下，但在学统上，更有与吴文藻、费孝通先生一脉相承之处。这本随笔、札记的合集，就在学术和文学、事业和人生的边际，显示着这种似远而实近的相承关系。

书中收文 21 篇，长短不一，篇幅分量最重的是两篇学术随笔，一是寻访上世纪 30 年代"史语所"凌纯声、芮逸夫两位前辈学人调查西南民族经历的，一是通俗介绍羌民和羌族饮食文化变迁的。两文虽多涉学术故实，却平易畅达，颇可一读。

而全书开篇两文，一为与书名同题的思亲之作，一为忆述师恩、缅怀张光直先生的《在成都的一个小茶馆里》。从文中包含的个人现实生活体验来讲，这两篇显然又远超书中其他各篇。特别是前一文，追记作者父亲一生，笔致简，情意深，述及父亲后半生的周折、顿挫和卑屈，细密冷静之中隐痛透彻纸背，字面上却不著半句煽情。时变的无情、世态的苍凉、人性的坚韧，尽在平实中显见。

《影像的力量》

胡武功著　文化艺术出版社 2012 年 10 月出版

"改革开放以来，短短的 30 年，中国摄影呈现出五彩缤纷的局面，呈现出多种多样变化的可能性。我注意到了，但我仍然坚持摄影如实映现现实的理念。我们需要映现现实的影像，我们需要社会生活的影像记忆，我们需要个性化的观察视点。"

这是《影像的力量》书前作者自述中的一段话，它准确概括了这本书所收的有关纪实摄影的百余篇评论、序言、博文和访谈的一条观念主线。

全书分"评论""阐释""印象""访谈"四集。其中，"评论集"在展示当代中国纪实摄影历史流变的全景，"阐释集"和"印象集"在解读中国纪实摄影的名家名作和代表群体的个性，"访谈集"在自况作者身为纪实摄影的践行者、教育家和布展策划人的多面工作风貌。

这些内容之外，书中还配有 70 余帧照片，以黑与白的鲜明对比，映衬着纪实摄影所特有的那种静默无声的力量。

《黑洞：弘光纪事》

李洁非著　人民文学出版社 2013 年 1 月出版

一部有迹可查的中国古代史，看似上下数千年，周而复始的朝代更迭，轮回再现的治盛衰亡，却每每在长则三五百载、短则一度寒暑的时间跨度内，展示出某种相似到令人心惊的单调节拍。这使历史的经验变得越来越容易被简化，也使历史的惰性显得越来越强大。

或许，历史本来就有这么一种机械、乏味的动感。或许，这只是无数述史者机械劳动、重复修辞的一个虚幻的叙事效果。这点悬疑，在李洁非先生的"明史书系"第二部——《黑洞：弘光纪事》中，被收缩到一个具体而微的典型样本上，进行了探察和求证。

自 1644 年 6 月朱由崧于南京即皇帝位，到 1645 年 5 月这位弘光帝遭擒于皖，南明弘光朝在历史上的实际存在，直如长河上的一点飞沫般短促、轻忽、微细。但它从无到有、由始到终的过程和远近层叠的相关人事因由，经《黑洞》"史传叙事其表""思悟认知其理"的再现与开掘，可确实表现出了一种类似物理意义上的黑洞那样高强的史实和史识的吸纳力。

"国变·定策""四镇·武人""桃色·党争""降附·名节""钱谷·贪忮""民心·头发""遗民·苦闷"等10个篇章，把关联弘光小朝廷前世、今生和后事的一系列史实，分解成了10幅细节井然、脉络生动的剖面图，也把因"弘光纪事"而生发的历史思考和社会批判，抽绎成了10个关键话题。这当中，明显可见的一个聚焦线索，是对文人集团以及主要由他们来维系的个人节操和社会伦理价值的关注。

恰沿着这条线索的走向，《黑洞》里仿佛透露了这样的消息：相似的历史画面背后总有迥异的成因，而迥异的成因也总能导致极相似的历史后果；横跨在庙堂和江湖之间的文人集团，对此虽然无力回天，却也难辞其咎。

《香：文学·历史·生活》

[美] 奚密著　北京大学出版社 2013 年 1 月出版

孔子论诗教，有名句云："多识于鸟兽草木之名。"由此，中国文学的土壤里，布下了尊重鸣禽、走兽和香花、芳草、秀木的观念火种。西人来得更直接，从他们的文学天地混沌初开之际起，就确立起了崇尚自然、模拟自然的鲜明取向。

捧读这册图文并茂、通体内外都都标举着、发散着源自大自然的种种芳香的精致小书，近观烟霾重重的城市风景，遥想时空远处的天然生态，不能不生出几分慕古飘洋的悠思。

自然界的香，本也并不都那么美。从动物和矿物而来的不少类型的香，即使不论香源本体的身姿、形状是否曼妙可观，仅就香论香，不问出处，想必很多人恐怕也只能闻其香而却步，只敢作有选择或经过滤的部分承受。比较起来，还是植物的香最为素净可人。

《香》这本书正是只谈这人缘最广的植物之香的"专著"。薰衣草、迷迭香、藿香、薄荷、玫瑰、月季、茉莉、丁香、莲荷、菊、檀香、乳香、没药、桂、橘、柠檬、葡萄柚，南北东西、陆生水养的各路带香一族的花木草树，齐聚书中，一一听由作者点名、介绍。

行文谋篇韵致，皆取絮语散文路数；篇首摘引诗句，均因草木芬芳而来；品香述史传知，时有家居心得穿插。合观之下，11万余字，190多页，书的体量不算厚重，书中的香语、香事和香图，却颇堪长记、长念、长回味。

《梁》

梁思成著　林洙编

中国青年出版社 2013 年 1 月出版

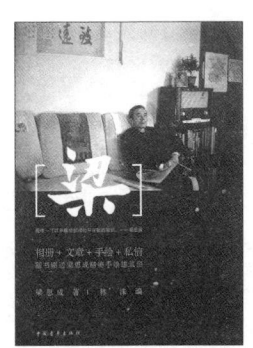

"梁",是梁思成先生用过的一枚作品章上的印文,也是梁先生这本图文作品合集的书名。"相册＋文章＋手绘＋私信",标示在封面书名下的这行字样,如实地指明了全书的内容。

其中的"相册"部分,实际是从书的封面——梁思成先生 1962 年在清华大学寓所的一张彩色留影开始的。照片中梁先生清癯、沉静的面容,闲适而又略显疲惫的神态,整洁雅致的室内陈设,以及摆放在梁先生身旁一台硕大的木质箱式收音机上、与一只小小的绿植盆栽紧靠的一帧青年林徽因的黑白照相,这些细节的组合,恰好浓缩了那个时代留给照中人的一切重要印记。

展书披览,紧接扉页之后的,是总共 6 个页码半透明纸质的手绘图和摄影。所绘所摄者,是山西应县木塔和大同善化寺两处古建。手绘稿、渲染图和实景摄影,透纸面而相叠映,默默印证着一位造诣精深的建筑学家琐务不捐、细节不苟的专业素养。

与此对称,出现在接近书尾处的 16 页西式建筑手绘图,则是梁思成1924年留学美国宾夕法尼亚大学时的课程作业。图上还存有老师打出最高分的笔迹。"相册"部分，以40余幅照片，依次呈现作者幼年、青年、中年、老年时期在生活、求学或工作场景中的神情造型。内有摄于20世纪50—20世纪60年代的十多幅，属以往稀见。

约330页的"文章"部分，共收文18篇。论文4篇，建筑调查、杂录和纪游6篇，书信、电稿和建议5篇，文物目录1篇，另有本书编者和新华社记者王军所写的纪念梁先生文章各1篇。解放初期作者苦心孤诣，与清华同仁陈占祥联名上书，为首都古城保护建言献策的《关于中央人民政府行政中心区位置的建议》即"梁陈方案"，在"文章"部分压轴。

全书最后一部分"私信"，收有作者致编者的二十多封信。半为文字排印版，半为手迹照片版。这部分在全书418页篇幅中，所占比重甚小，但作者秉性里的那种和暖、细腻的情趣，却也在此流露得最多最直接。

《处在十字路口的选择：1956—1957年的中国》

沈志华著　广东人民出版社 2013 年 2 月出版

　　1956—1957 年在新中国史册中留有不寻常的记录。从乍暖还寒的早春天气，到热风和冷雨的交织、相继，国家建设和社会发展的各个层面，都经历了复杂的考验。

　　但在以往与此有关的史传和纪实著作中，对这两年的描述、再现或研究，多集中在内政范畴。这样一来，当时政治、经济和文艺领域的许多全局性的"运动"和大事，就只能得到来自内政这一个方面的说明。

　　沈志华教授所著的《处在十字路口的选择》，在全书一共 9 章的格局内，以 5 章的篇幅重点突出了 1956—1957 年间共和国外交事务方面的际遇和动向，并且将此与国内的政情、政策变化，做了互有联系的细致梳理。

　　苏共二十大、波匈事件、东欧危机、莫斯科会议，以及毛泽东、周恩来等共和国领袖对这些国际问题的反应，在书中都列作醒目的专题，予以深入厘清。这当然还不是历史认识的全部。

不过，正像作者所说，对于已出版、公开的国内档案文献和报刊资料的广泛征引，对于地方档案馆藏文献的努力挖掘，对于俄国解密档案文件的充分利用，对于回忆录和口述史的慎辨慎取，已足以确保这本书最基本的史证品质。

《像唐诗一样生活》

冉云飞著　中国发展出版社 2013 年 3 月出版

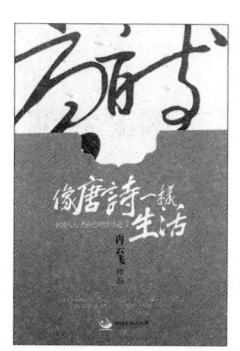

一代有一代之文学。一代有一代之欣赏、理解、评价文学的趣味与习惯。在这种趣味和习惯里，经典文学作品，可以释放出穿越时空的温暖、力量和光亮。《像唐诗一样生活》正是这样一部横亘在时代与时代之间、沟通于文学与精神之间的好读而耐读的书。

它满溢着神采飞扬、品诗论艺的文字趣味，也依循着质朴切实、知人论世的社会认识习惯。全书 101 篇，每篇主品唐诗名家名作一首，配以诗人微型评传一则（多为用语犀利、取材别致的典型事例剖析）。原诗全篇附后，兼录异版参照，明辨定论陈说，力陈创见新解。

通览全书，既有步步为营、稳扎稳打、纵深挺进、跋涉历险的曲折往复感，也有顺水行舟、迎风行吟、和煦盈怀、如展画卷的轻松愉悦感。

从唐诗的一派锦绣江山里，一边是淘金琢玉、选优拔萃，尽显辞章之胜，一边是披荆斩棘、直击幽暗，揭出人性之俗。唐诗的世界依然辉煌，但由此，这种辉煌不再像强光烈焰那般灼人和单调，而是泛出了一种更含混、更丰富也更有包容度的新的复合色调。

这色调也许偏灰暗了些，不过它属于现实生活。它该是唐诗在现实生活的高度上显露出的真色彩。

《王国维家事》

王东明著　李秋月整理

安徽人民出版社 2013 年 3 月出版

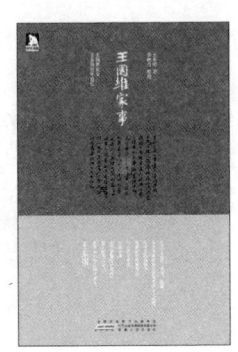

　　王国维的传记已不鲜见，但内容大都还不够丰厚，尤其是缺乏日常生活起居细节方面的翔切可靠记述。这也难怪，因为除非是曾亲身与他朝夕相处的妻儿老小，旁人根本无法知晓这些情形。副题为"王国维长女王东明百年追忆"的这本《王国维家事》的问世，对这一缺憾显然是个重要的弥补。

　　书里与此关联最密切的部分，是篇幅比重几占全书一半的上编——"记忆中的父亲"，内含"家世背景""在上海的工作""父亲与清华大学""记忆中的清华园""清华人物""投湖之前的日子""投湖当天""父亲轻生之谜"等 20 节。尤以上列各节的细节交待最为清晰具体，史料参考价值也相对较大，因为这多有作者少年时期及之后的亲身经历和现场见闻记忆作为基础。

　　本书下编以"王东明的百岁自述"为题，包括"一生回顾"7 节和"生活杂记"16 节，是身为王国维所有子女中最长寿者的本书著者，回顾自己个人成长和生活道路，以及见证社会大环境和生活风尚的巨大时代变迁的记录。这不仅具有一般的口述历史或回忆录所共同具备的文献价值,而且,也直接体现着学术大师王国维作为一名父亲,在修身齐家方面潜移默化的品性风范和实际成就。

《鸳鸯谱》

东东枪、地下天鹅绒著

九州出版社 2013 年 3 月出版

　　一本对众谈论爱情和婚姻的种种大道理、小原则的书，可能它最合适的话语腔调和最贴切的装帧形式，就应该是《鸳鸯谱》这样：二重唱，背靠背。

　　这不光是比一人一腔做单声道广播架势足、气场强、阵形壮，还比独靠一个人从一个角度看问题、靠一套逻辑想办法、一张嘴讲道理，要稳妥和全面得多。更何况，爱情、婚姻原本就属两性双向课题，一个人怎能应付得了？出版社名标和条码、定价的位置，区分出了这本书的封面和封底。

　　从天蓝色的封面一侧开篇的半本书，作者是自称"物理系毕业""尝试写作已半年有余"却"收效尴尬"的地下天鹅绒。从土黄色的封底一侧开篇的半本书，作者是自称"文字、创意工作者""专栏作家"的东东枪。

　　前者半本书，纯为自命题作文，分"暗恋是极大的犯罪""理性思维，谨慎带感""臆想者联盟""珍惜爱情，远离如果"四章，下列诸如"AV照进现实""憋屈有毒""单身小伙情人节攻略""拐弯抹角有时蠢""出轨辅导班""理工男的春天"等小节。总的立足点是在"单身小伙"这边。

与此相对应，东东枪的那半本书，则全是答来信者问的被命题作文，来信提问者，则以感情困惑中的姑娘为绝对主力。篇章有四，题如下："读懂自己的剧本""明月与沟渠""伟大是一种病""你不是一个人在拧巴"。

相较之下，东东枪的文笔更灵动，说理更利落，立场更坚决。对情迷意乱、濒临伦理悬崖的来信者，他能够区分程度，辨症下药，或苦口婆心，或嬉笑怒骂，或挽狂澜于既倒，或毫不手软当头棒喝。而在小伙子自己的阵线上说话的地下天鹅绒，褒贬之际的狠劲，就弱了几分。

长期以来，爱情婚姻方面的专业教科书性质的读物已经累积了太多，与它们相比，《鸳鸯谱》里没有父母长辈和心理咨询师的声音和身影，也见不着老气横秋、四平八稳的所谓"过来人"，这儿有的是尚未"过来"的年轻人们站在爱情、婚姻现场的门里门外时的平行交流。这样更具爱情、婚姻的临场气息的书，完全有理由多出几本。

《中韩文化谈》

[韩]金惠媛著　北京大学出版社2013年1月出版

"韩流"已不是新现象,韩国文化和中国文化的相遇,也早成为中国多数城市生活现实的一层有机组分。但面对朝夕可见的现实,我们常常很难有自觉的省察和深入的思考。"韩流"就是突出的一例。

"韩流"不等于韩国文化本体,它只是韩国文化对外传播和发生影响的一种动态现象。观察和把握它,需要一个横跨中韩双边文化疆界的特殊立足点,这个立足点有赖包括跨中韩的生活经验、文化知识和语言能力在内的各种条件支持。

拥有16年旅居和执教香港经历的金惠媛教授,在她新出的中文著作《中韩文化谈》中,比较全面地展示出了一片只有从上述这一立足点上才能看得到的文化景深。

从饮食习俗的对比,从端午节和端午祭的差异,从四合院和韩屋,从汉语和韩语,从个人意识和团体意识,从儒家文化和孔子学院,在《中韩文化谈》的视野里,都呈现着中韩之间文化源流脉络的错综交织。甚至在书中主要介绍韩国当代社会文化局面的两个专题里,中国的历史和文化也仍然被当作了主要的参照背景。

  这并不仅是一种写作或者论证的方法的需要,更是一种开放、包容的思想态度的流露。"韩流"之所以能够多年源源不断、花样翻新地冲我们而来,甚至越过我们奔全世界而去,与他们自觉不自觉地形成的这种积极外向的思想态度,想必关联非小。

《东瀛品梅》

袁英明著　北京大学出版社 2013 年 3 月出版

恰如本书副题"民国时期梅兰芳访日公演叙论"所称,这是一部对梅兰芳先生 1919 年和 1924 年两次访日公演的史实,做出细致追叙和深切评议的著作。

全书正文 4 章,依托大量中日双边的书刊文献和图文资料,分别对梅兰芳这两次访日公演的缘由背景、具体经过、社会反响,以及访问演出的成功因素,进行了脉络明晰、情境生动、信息详备的史实还原和观点梳理。

附录 6 则,汇集梅兰芳访日公演剧目与角色分配、日本所藏梅兰芳舞台形象画像、第二次公演契约书原件照片、大正时代东京市民人口推移及娱乐活动表等相关史料。

不同于一般类似选题的著述,《东瀛品梅》在还原和评析史实两个方面,都坚持了严谨实证和同情了解的可贵态度。书中不仅处处凭史料说话,而且更为可贵的是对史料的采纳能够不回避争讼、不为尊者讳。

在述评公演反响的"众生品梅"一章，专设一小节"批评、建议及争议"，明文征引，坦率分析。在介绍和讨论访日公演的背景、经过和事后社会文化效应的各篇章里，也多次展示"国耻日"风波、日本剧评针对梅先生表演和京剧艺术的某些非议的材料，析之以理，辨之以实，立场鲜明而不强人所难。

或许，这正是身为梅派嫡传弟子的作者本人，不经意间显露在文字和学术世界中的一种不着粉墨的梅派风格：雍容大度，恬淡优雅。

《1966—1976 的地下文学》

杨健著　中共党史出版社 2013 年 3 月出版

"1966—1976"这十年，曾被认为是中国当代文学史上的一段荒芜期甚至空白期。这当然与史实不符。但这十年的文学状态和社会文化背景确实特殊。拨开"荒芜""空白"等情绪化修辞的遮蔽，如何去认识这十年文学的本相，进而把握其流变、评价其得失？

在 20 年前本书初次出版之前，这个问题一直没有得到真正解决。换句话说，《1966—1976 的地下文学》这本书，在中国当代文学史上具有划时代意味。它处理的是一段在时间的坐标轴上已远远后退的文学岁月，但在文学历史的认识领域，它却开启了一扇通向未知和新知的大门。

全书 15 章，30 万字，基本依时序展开"1966—1976"十年文学的历史画卷。从"红卫兵文艺浪潮的兴起"开端，经"地下文艺沙龙""知青歌曲""军中地下文学""知青文学"的推动，再到"旧体诗词复兴""监禁文学""爱情文学和性文学""民间口头文学""狱中秘密写作"的波浪相逐，终至"丙辰清明节诗歌运动"的强音高奏，纵贯当代中国文坛十年之久的一脉渐行渐趋宏阔的"地下文学"潮流，赫然呈现出蔚为大观的全景图。

得力于这本书的知识奠基和学术开拓，"1966—1976"十年文学的研究和阅读，近些年已在学界文坛的一角受到关注，但如今重读这本奠基、开拓之作新出的再版，许多章节篇目下的丰富内容和生动细节，仍然显得那么陌生和新鲜。它们似乎在发出触目的提醒：对那十年文学，我们现在所知道的，其实还是太少。

《国会现场 1911—1928》

叶曙明著　浙江人民出版社 2013 年 5 月出版

读史使人明智，从读史而来的"智"，却常因所读之"史"的不同，而有差异。相形之下，读上古史易使人超迈，读中古史易使人激昂，读近古史易使人务实，读鸦片战争以降百年间的这段近现代史，则给人更多的是从层层叠叠的惨痛教训被动得来的一种深重遗憾。

《国会现场 1911—1928》这本书，选取的正是这段历史中的一个灰暗片断：民国初建，政体新定，表面看来举国上下万象更新，古老神州容颜尽改，实际上国体与政体、精英与民众、人心与社会，却一概都在幽暗中飘摇，随时面临分崩离析之险。

作者整合海内外既存的相关史料、史著和当事人的传记、忆述等周边文献，以现象、事件的发生时间为经，以历史人物的性格、形象和心理刻画为纬，聚焦于"国会立宪""南方革命""联省自治"这明暗三重核心事端，把 1911—1928 年中国政坛和中国社会最黯淡也最纠结的一个侧面，细密而鲜活地再现到了近三十万字的篇幅中。

尽管在从各类历史资料向这种拟现在进行时态的叙述与刻画转化

的过程中，可能存在着某些无法避免的局部差失，但就总体而言，建构在书中的"国会现场"及其远近背景中的关键人事，还是与从史料文献中散发出来的那种时代氛围相符的。许多有新意的史学研究结论，也得到了比较恰切的运用和整合。

除了对1911—1928年民国"国会"里的众生相，给予了持之有故的面目澄清之外，孙文、徐世昌、黎元洪、汤化龙、陈炯明等那一时代的诸多政治精英人物，在书中都有诸多出乎今人意表之外、却落在史料实据之中的"新"表现。在所谓"民国范儿"日益流行成一个空洞符号的今天，像《国会现场1911—1928》这样别具只眼重看历史、详解历史，而且一看一解之间新意迭出的厚实之作，其面世可谓正当其时。

《谒无名思想家墓》

张梦阳著　（香港）中国新闻联合出版社
2013年5月出版

诗在中外，都同样有承担叙事的古老使命。及至现代，虽经小说、戏剧、影视等体裁的夺代，诗已多不以叙事为务，但诗体的叙事或者叙事的诗化，自有别的体裁所不及的特质，其中最重要的，大概是在如下两点上可以做到极致：一是结构上的删繁就简、凸显主干，二是主题上的直抵内心、彰显情志。

《谒无名思想家墓》正是在这样两点上力求极致的一部纪实性质的叙事抒情长诗。全诗近两千行，包括引歌、尾歌与主体13篇。诗中所述之事，源自作者20世纪70年代初在农村劳动生活时期的亲身见闻和真实经历：

一位从名牌大学被开除回乡的"反动"读书人"苏格拉底"，偶然与作者结识，作者因此得以发现"苏格拉底"与村里地主之女"俏儿"的一段相濡以沫但注定不能圆满的爱情；作者写的文章和"苏格拉底"名牌大学的出身，忽然受到县里蹲点领导的注意，两人一起得到"重用"机会；作者忙赶往县里新单位报到，"苏格拉底"却坚决抵制，因言获罪，最终在关押中病故。

　　与叙事部分紧相穿插的抒情句段，点染人事况味之余，更闪现着作者对当时人情世态和整个社会环境逐渐深入的感悟、省思和批判。依来新夏先生书前序言所评，这部长诗是戳向社会不平和人们良心的双刃剑，它铭记了值得许多人回头审视的历史的一页。

《徒步中国》

[德]雷克 著　麻辣tongue 译
湖南文艺出版社 2013 年 6 月出版

若用时下流行的文论术语来指称,这本《徒步中国》应该算是一部不折不扣的非虚构作品。全书共 5 章、320 页,没有像某些"文不够、图来凑"的明星书那样,夹杂太多的照片,27 万字的总篇幅里,近八九成都是结结实实的语言叙述。

书中所述,是作者只身从北京徒步行走到乌鲁木齐的沿途见闻和个人经历。全程 4646 公里、历时 11 个月。除了交待这趟漫长旅程的结局和出发情形的两小节,被摆在开卷之处,整个行程中的其余各个片断,都顺时序依次排列,如线串珠,连为一脉。因而,展读之下,所得的感觉,也就恰如伴同作者,做了一趟艰苦并快乐着的逍遥游。

不少长于写作的旅行家所特有的那种散淡到极致、也细腻到极致的畅达文笔,在这个汉译德而来的译本里,仍有淋漓尽致的保留和体现。但这本书最可称道之处,却还在它展示出的那种与离群索居的极限探险明显相区别的、带有浓重世俗色彩和人间烟火气的旅行家风范:时时处处,都绝不耽于一味孤芳自赏的自我挑战,相反,总能以足够的耐心和兴趣,去从容体知途经各地种种场合的气息氛围和千差万别的风土人情。

不过,想想这厚厚一册横贯北中国大地的旅行手记,竟是出自一位德国的而不是中国的 80 后业余作者之手,却又让人禁不住有点起急。

《台湾四百年》

许倬云著　浙江人民出版社 2013 年 6 月出版

一部台湾史，满含民族泪。对台湾与祖国大陆的历史，我们之所以常要采用"花开两朵、各表一枝"的叙述方式，很大程度上的原因，不在于两岸关系现状的特殊性，而在于台湾四百多年来比祖国大陆遭受了更多、更深重的外来列强的侵扰和殖民这一客观史实。但要把台湾这段漫长曲折的历史全过程和其中的关键纠结，都通俗晓畅地说清道明，显然并非易事。

出生于大陆、成长于台湾，从二十多岁到八十多岁，一半的时光都在台湾度过的美籍中国史专家许倬云先生，如今在他这本"说历史"系列的台湾史专题的分册里，以区区 10 万字，举重若轻，要言不烦，把一个本来难免会很沉重繁杂的话题，讲解得收放自如、条贯分明。而尤为精彩的，是与史料陈述交相穿插的诸多凝聚了深切现实关怀的历史问题探析。

比如，在第一章"被西洋海盗与东方倭寇拽进历史"中，点出了"台湾和大陆关系疏远的原因"。在第二章"从海盗集团到'开台圣王'"

里，强调了14世纪后东亚经济格局和白银贸易对海上走私的刺激。在第三章"清政府的'汉化'大开发"中，详介了精耕农业入台和族群社会结构成型的细节。而在分别涉及日本殖民时期和国民党"威权"时期的第四、五章，除通常史著都会着力刻画的政治压迫状况之外，作者也用简省的笔墨特别观照到了当时台湾的社会经济建设。

相形下，有关台湾当代史、特别是最近三十多年历程的第六、七两章，在全书中显得最简略。但这也不错，因为面对现实的诤语良言，向来就是以诚为贵而非以多取胜。

《当历史可以观看》

冯克力著　广西师范大学出版社 2013 年 5 月出版

印象中,我们的读图时代,是在整个传媒舆论界都憋足了劲、为跨进新世纪提前做热身运动的上世纪最后那三五年,一朝之间忽然降临的。一个后来看去极富标志意味的事件,就是《老照片》的问世。

到今年,《老照片》已经 16 岁。值此之际,它的创刊主编冯克力先生,似乎在用这本名为《当历史可以观看》的新书,为《老照片》庆生。光看这本书的封面装帧,确实很有几分向《老照片》深深致敬的迹象。但展卷详读,才能知道这不止是一本为《老照片》做总结的书,更是一本要从《老照片》的基础上努力再出发的、有深度和有新追求的书。

据作者后记中所述,书中多数篇章都取自他近一两年所写的杂志专栏"老照片札记"。文既如此,与之匹配的照片当然也是本色的"老照片"。较之这些"老照片"在《老照片》里的初次亮相,它们在这本书里的重装出场,最大的特色,是得到了更全面详尽的文字说明和更丰富开阔的意义阐发。

这么一来，由此再现的老照片们，就不仅仅是可供近距凝视的一幅幅平面图像，更成为一个个能够启人遐思的立体场景。大概这也正是作者劳神钩沉、辛勤笔耕，持续不断地写出这些沉甸甸的有趣文字时，原有的一份初衷。

或许，在这位读图时代的制造者看来，今天我们很多人虽然早已自认为读图成习，但实际上我们都还需要更进一步的读图方法上的思想启蒙。

《思想利器：当代中国研究的史料问题》

谢泳著　新星出版社 2013 年 4 月出版

依书名和书中后记所称，这本书是作者近年当代中国史料研究方面的论文结集。书中收录论文 12 篇，其选题和体例都不太容易归于一类。

但内容相对厚重的几篇，如《钱锺书史料九题》《伪史料在中国现代文学史研究中的使用问题》《中国当代文学史叙述中的史料拓展问题》《解读一份关于胡风事件的中央文件》《胡风事件的另类史料》《思想改造运动的起源及对中国知识分子的影响》，还是围绕着作者素有所长的当代中国文坛学界内外情境的历史流变这一课题，在做文章。

而这个课题，也许是因为距离近、头绪杂、切身关联过于紧密，即使是在经历了好几轮思想解放的当前，也并不是随便哪位热心研究者，都能应付妥帖。这里的核心纽结，正像作者通过上述这些具体的研究个案，所再三见证的那样，归根结底都集中于史料的搜求、考证、选择和运用环节。

在为史料本身附加各种头头是道的阐释和演绎之前，或许来源和性质不同的多重史料的堆积、并举，已经在默不作声地呈现历史的本相。照这样看，在这本每每引录起材料来总能不厌其烦、偶有长篇大论时却又格外矜持起来的文集里，就仿佛随处都有材料本身在不是雄辩而胜似雄辩地说着话。

《中国现代文学编年史
——以文学广告为中心》

钱理群、吴福辉、陈子善主编
北京大学出版社 2013 年 5 月出版

从 1920 年代末朱自清先生在清华大学开课讲授"新文学研究"算起,把中国现代文学的进程当作"历史"来叙述和研究,持续至今已逾 80 载。讲解、阐释中国现代文学史的路数,也早已累积得不一而足。但像这套皇皇三卷本的《中国现代文学编年史》这样,用总计 200 余万字、1900 多页的巨大篇幅,来为中国现代文学史刻画年轮、展示脉络的著作,似乎还是前所未有。

按照总主编钱理群先生的说法,这套编年史不仅关注文学本身的流变,也关注文学与出版、教育、学术和政治等外部领域的广泛联系,同时对于世界文学、传统文化、地域文化和通俗文化等文学相关地带,也给予了足够的观照。通览全书,确有此感。不过,视野的廓大和辽远,并没有让这套巨著在具体内容上流于空泛高渺。相反,短则区区三四页、长则不过数千言的一篇篇可以各自独立的"书话体"文章的连缀,完全取代了一般史著高头讲章的板滞结构。

每一篇"书话"都聚焦或环绕一段文本史料。这些史料有文学作品或图书的出版广告、也有文学团体的宣言或文学活动的报道，形式不一，但都为"书话"提供着叙述文学史的视角、线索或由头。几乎每一篇"书话"，都能像探照灯和显微镜似的，呈现一片清晰的历史场景，还原一段生动的历史画面，讲述一个具体的历史故事。

  而贯穿在各篇"书话"之间的，表面看来只有自然流动的时间，实际上却也隐伏着赖以对史料做出剔择、取舍的一种不著痕迹的文学史观。这套书不是为做教材而编写的，但有能力接触中国现代文学史教材的读者，实际上都不难读懂并且欣赏这套书的各个部分。这不仅因为它图文并茂，配有大量可以直观直感的报刊书影和人物照片，更因为它对文学史的展示，是逐点逐滴、细致入微的。比起寻常教科书里常见那种居高临下的俯瞰和远观，这当然要更亲切、更自然，也更让人觉得踏实。

《北大中文系第一课》

漆永祥主编　北京大学出版社2013年6月出版

这是2009至2012年四年间的每个秋天，北大中文系专为他们新一届的本科生开设的一门特殊课程的讲堂实录整理稿的合集。课程总名叫作"静园学术讲座"，实际的内容却与一般讲座不同。

听众，是初入大学校门、在专业认知上尚一派懵懂的一年级新生。主讲者，由北大中文系文学、语言、文献三个专业上至80多岁、下至50岁出头的20余位教授轮流担任。各位教授的讲题，既与自己术业专攻的研究专长有关，更与自己为人治学的切身经验和成长道路紧紧相联。

如唐作藩教授讲的是《结缘北大中文系，结缘音韵学》，郭锡良教授讲的是《读书贵在知人解世——从苏轼〈水调歌头·明月几时有〉谈起》，孙玉石教授讲的是《养成学术兴趣　培养理论思维》，钱理群教授讲的是《说梦与圆梦——北大中文与北大精神》，严绍璗教授讲的是《我的五十年学术生涯的感悟》，李零教授讲的是《历史就在你的脚下》，曹文轩教授讲的是《阅读是一种信仰》。类似这样特约学界和教育界的前辈先贤面向青年一代敞开心扉、自述人生心得的文集，近些年已少有新出。

或许是肯这么开怀一谈的前辈学者越来越难找了，或许是愿意安心倾听他们畅叙衷肠的年轻人也不那么多了。到底是否真的已经如此？但愿这本《北大中文系第一课》，还能够接连不断推出续集，并且影响到更多大学、更多院系。

《中国化的日本》

[日] 與那霸润著　何晓毅译
广西师范大学出版社 2013 年 5 月出版

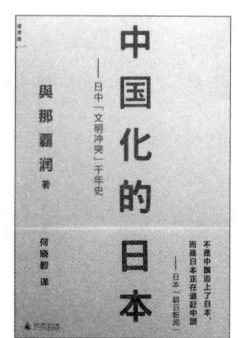

他山之石，可以攻玉。一个民族或国家的自省，也离不开外在的镜像。这部出自一名日本年轻历史学者之手的通俗版日本简史，就借取了中国的宋朝作为镜像。

把宋朝认定为中国社会形态变迁史上的最大转折点，本是战前"京都学派"史学方面的代表人物内藤湖南的观点。这个观点，在《中国化的日本》中，被推进到了当代，与日裔美籍政治学者福山的"历史终结论"，联系了起来。

因为依作者看，福山所指的"后冷战"世界模式的基本特点，其实早见于一千年多前的中国宋朝。换句话说，在社会形态发展上，世界的终点是在宋朝。而宋朝社会形态的划时代意义，集中体现在两方面，一是经济和社会的彻底自由化，二是政治秩序由某一唯一势力来支配。整个社会生活的风尚和社会各阶层的生存术、伦理观，都由此定性、定向。

依着这样的认识，整个日本的历史，尤其是中世以来日本在内政、外交和政治、军事上的步步变迁，都被摆进了相对于宋朝社会形态的"中国化"与"反中国化"的双向双轴，加以重述、重评。中日近代以降的历次冲突和事过境迁之后的"日本态度"，也在其中有很多直接的反映。

这本书原是给具备高中水平日本史常识的日本学生讲授日本通史课的讲义，但它的讲法和内容，都面向着当代世界的现实并关联着中国的古今。若中国有心的读者得闲细阅，一定会在感慨之余有所收获。

《中国国民性演变历程》

张宏杰著　湖南人民出版社 2013 年 5 月出版

全书凡 3 编 19 章。第一编与书名同题，下列 12 章，除开头两章用于论今溯往、引入并阐发国民性话题，之后 10 章，皆顺时序对春秋至清各朝各代见载于史著文献中的"国民性"症候，予以述评和剖析。

其关切点，除了落在一般述史、论史著作都很重视的帝王将相和士大夫等庙堂 VIP 那里之外，也常常往低微的平民群落和芜杂的社会风习层面扫掠。为此，还屡有采纳考古和民族史研究材料之处，总体上的行文笔致和说理格调，也因之而多了几分粗犷、硬朗和阔达。

第二编题为"中国国民性探源"，内含两章，专门探究先秦何以成为专制的源头，以及秦始皇身为专制思想实践者而非发明者的种种行迹。这里最值得注意的不是结论，而是以西方古希腊文明为参照的反思历史的方法。

第三编"中国国民性改造史"，前 4 章分述梁启超、鲁迅、胡适的国民性改造主张；最后一章联系现代社会文化背景，对梁、鲁、胡主张做比较，毛泽东青年时期的批判国民性思想和之后政治实践中的"思想改造"，也纳入了探讨。

《南画十六观》

朱良志著　北京大学出版社 2013 年 6 月出版

钱锺书先生曾经以诗论和画论为例,揭示过中国文艺批评传统里一种很多人习焉不察的矛盾:神韵派的诗风不算诗中的高品或正宗,相当于神韵派诗风的南宗画风,却是画中的高品或正宗。

假如这可以理解成诗与画在创作实践和评价观念的演进步伐上发生严重错位的一个历史结果,那么,像《南画十六观》这样用探察神韵的眼光,对南画名家名作给予重观和新解的著作,也就显示出了弥合历史裂痕的绵密力道和化解历史遗憾的深切温情。

全书精选元明清三代南画名家——黄公望、吴镇、倪瓒、沈周、文徵明、唐寅、陈道复、徐渭、董其昌、陈洪绶、龚贤、八大山人、吴渔山、恽南田、石涛、金农共 16 人、400 余幅代表画作,紧扣各人画风见诸传统画论的经典评价范畴(如吴镇之"水禅"、沈周之"平和"、黄公望之"浑"、文徵明之"浅"、唐寅之"视觉典故"、董其昌之"无相法门"),以具体画作风致的解析为经,以画家阅历襟怀的阐发为纬,展开直抵生命"真性"的理论推究。

看得出来，这"十六观"，在观画、观人和品评连接画与人的生命神韵的视角和基点上，并不刻板一律，而是顺应和切合着不同时代际遇、不同身心境界的不同画家不同的画风画品追求，时有俯仰开阖的灵动变化。这一点，特别体现在"十六观"各篇中那些对观或合观多人多画的精粹片断之中。

《敬重与惜别》（改定版）

张承志著　九州出版社 2013 年 7 月出版

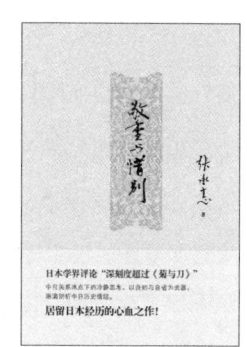

依照张承志在他新出的这套四卷本作品精选系列的编后跋语中所说，从他告别"摹仿"小说的那段岁月，转入"冗长的散文史"以来，在以文学的形式面对世界的方向上，他的倾心之作，一是这部《敬重与惜别》，二是《鲜花的废墟》。前者的副题是"致日本"，后者的副题是"安达卢斯纪行"。两书题材都有关域外。但相比之下，显然，涉及一衣带水之近邻的这本书，更容易引起一般读者的注意。

如今这一改定版，对四年前的初版本做了与日文版同步的全面修订。"终章"的新标题——"把解剖之刃对向自己"，也许正可以概括改定版在词句、字形等细节调整之外，从全书立意上所作的更新：这本书里不仅有向外的观望，更有深入一层的向内的省视。

开篇一章和终章前的第八章，在遥相呼应中，展示了作者亲历的一段段清晰深切而又曲折纠结的、极度个人化的日本认知史：从偶然结识服部幸雄到着意寻绎川岛浪速，从感慨于昔日关东军随员在当代却热心为中国西部捐资助学，到为"亚细亚主义"在历史进程中的繁复分蘖而做钩沉稽实的学术功课。

第二章"三笠公园",由漫步横须贺港口的点滴见闻,回溯、梳理近代中国受辱被祸于日本的民族痛史。第五章"四十七士",整合史料和戏剧、电影等文艺作品,细辨"士道"在日本的名实歧变踪迹。第七章"文学的'惜别'",对中日现代文学关联进行书里书外的审视互证。

以上这些带着精神温热的内容,再现于修订版中,依然带给人未觉减退的新意。

《他们的中国》

席越著　江苏文艺出版社 2013 年 8 月出版

这是 18 篇访问记的一本合集。它包括了 18 位曾经或者还正在中国生活的外国人对他们在中国生活经历的自述,以及他们对于中国的现实和未来的种种看法。

与一般类似选题的报刊文章和图书不同,出现在这本书里的大多数受访者,无论在他们的祖国,还是在中国,都属于"普通老百姓"或"沉默的大多数"阶层,与地位崇高、身份显赫的社会上流群体有明显的距离。虽然作者没有明示,选择以此为主的采访对象,是否基于某种刻意的考虑,但这确实使得整本书显现了一层特色鲜明的新格调:让外国老百姓讲述他们在当下中国的日常生活故事。

另外,书中所有受访者在中国的主要居住地,都是北京。所以,这本书又带有第三只眼看北京的意味。大概正因此,书中不同职业、不同年龄、不同国籍、不同教育背景的受访者,都同样能够以自己独特的亲身遭遇,见证出北京市井社会冷暖交加、明暗相间的纷繁和杂沓。因而,当他们回顾或者准备彻底结束自己的中国岁月时,也同样都会流露出极其相似也极其明显的几分爱恨莫辨的暧昧和犹疑。

应该是限于语言的隔阂和翻译、润色等素材处理环节，书中各篇访问记，都采用了与传统的通讯报道或报告文学相似的那种作者主观视角统束全篇的记叙、描写文体，而非口述实录的对话体形式，这使它本来该有的那种生活气息扑面而来的朴素生动的感染力，多少有点损失。

《你们是你们，我是我》

俞欧洋等著　中国经济出版社 2013 年 6 月出版

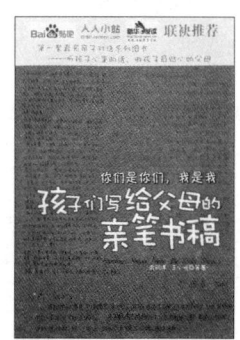

一次面向全国中小学生的"写给父母的亲笔信"的主题征文活动，成就了这部两卷本的中小学生书信集。在一对父母一个孩的三口之家的家庭结构中，亲子沟通始终是家庭生活的重点。随着子女的成长，这一重点将不可避免地会转化为难点。

除了经由包括学校、社区、传媒等文化公共空间的转圜，实在没有别的更合理、更自然的途径，来帮助间隔在与日俱增、不断加深加宽的"代沟"两侧的两代人，拉近心理距离，密切话语关联。在这个意义上，孩子们在面对着自己父母却又欲言又止、欲说还休之际的无字的心声，必须得到及时充分的自如自由的抒写。这事关家庭的现实，也事关民族的未来。

这套文集的书名是如此绝决，它似乎带点反语式的激愤。集中所收的孩子们的书信，虽然还脱不尽课堂作文的束缚，但毕竟显露了很多呼应着"你们是你们，我是我"这一主题的真情告白的印迹。面对这样难得一现的印迹，为人父母者不能不期待更多类似的机会能够留存给我们喜欢自由言说的下一代。

《我的人生故事》

周有光著　当代中国出版社2013年10月出版

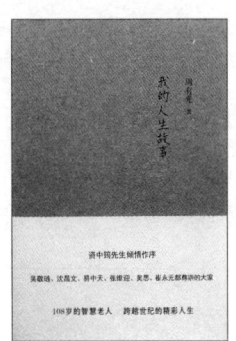

在近年的读书界,周有光先生其人其文其说,是一道独异的风景。这当然首先是因为周先生年逾百岁而著述甚勤,无论质与量,与一般中青年作者相比,都毫不逊色。

周先生所作,在文体上,显现着干练质朴、通脱畅达的鲜明特色。与其说这是老年人的一种表达习惯,不如说这是周先生大半生致力语言现代化和规范化的专业素养,在写作中自然而然的流露。

类似这样从口语用心提炼出来的文体,在吕叔湘、张志公等先生那里,也曾常见。但相较之下,周先生十余年笔耕的成果,最大的魅力和价值,还在其内涵。对此,由15卷本的《周有光文集》里,遴选了"最通俗易懂""故事性最强"的66篇文章,另编成册的这本《我的人生故事》,堪称"浓缩的精华"。

全书7辑,依序展现周先生自述成长和求学经历、追忆前辈和师友、缅怀爱妻与亲情往事、回顾荒唐岁月、纵谈时代潮流、总结学术生涯、描摹晚年起居等多重文思境界。把卷展读,完全有面晤作者、长谈聆教的同等收益。

《顾准历史笔记》

顾准著　光明日报出版社 2013 年 9 月出版

"思想史上的失踪者"顾准被重新发现，至今将近 20 年。顾准本人的文集、文稿、日记、自述，以及为他立传和专门研究他的图书，已多有累积。但像《顾准历史笔记》这样，把顾准有关中外历史著作的阅读笔记，辑为一册的，还较少见。

全书近 40 万字，分成外国史和中国史两个部分。外国史部分包括两辑，第一辑是主要针对苏联塞尔格耶夫的《古希腊史》写下的系统成篇的"希腊城邦制度"，第二辑是"从精神贵族到日本武士——散读外国史笔记"，收入了作者阅读前述《古希腊史》和美国詹姆斯·W.汤普逊的《中世纪社会经济史》、英国汤因比的《历史研究》节译本和日本井上清的《日本历史》等外国史学论著的零散批注和札记短文。中国史部分，包括"上古至隋唐"和"隋唐至近代"两辑，共收读书札记 89 篇。

与外国史部分竭力利用有限的外来文献，进行多方参证式的史实探求和理论剖析不同，中国史部分的这些札记，远涉孔子、老子、荀况、韩非子、桑弘羊、顾炎武、王夫之、戴东原、梁启超,近指郭沫若、吕振羽、李亚农、范文澜、侯外庐,在具体问题和观点上展开的驳难和辨正,明显要尖锐得多。

今天通读这样一本书,比知识上的收获更觉重要的是,它能够向我们确凿地见证:一种为学术而学术的态度,即使在那个反智主义的喧嚣淹没一切的时代,也并未从我们身边绝迹。

《最后的儒家》（2013 版）

（美）艾恺（Allitto, G.S.）著　王宗昱、冀建中译
外语教学与研究出版社 2013 年 10 月出版

值梁漱溟先生诞辰 120 周年，经作者独家授权并做了全面审订的中译本《最后的儒家》新装再版。依照作者在序中介绍，从这本书 1979 年在美国初版，到 1986 年修订再版，再到目前就译本所作的完善，其间除少许事实的纠正之外，还对若干术语、文意进行了纠偏，对事实做了进一步确认。

如此看来，现在这个版本，在考据、义理和辞章上，已达到了相对的完善。三十多年的持续研究，尤其是梁漱溟晚年访谈录的整理出版和广受关注，已使作者成为历史人物梁漱溟在域外学界的唯一一位众所周知的知音。那么，在这位知音的心目中，梁漱溟为人为学的行迹是如何一种状态和意义？这本书的副题"梁漱溟与中国现代化的两难"，标明了作者体察和评价梁漱溟人格、思想和社会理念的出发点。

全书 14 章，开篇 3 章"父与子""精神异常、自杀、成圣""北京大学的孔夫子和文化"，实际上已对映衬、贯通在梁漱溟个人精神世界和中国社会发展进程中的"两难"纠结，做了完整的揭示和阐释。

其后8章，随时代推移，列叙梁漱溟在学理上建构中西文化的比较模式、在实践上力行乡村建设、在信念上认定民本与启蒙相结合的现代化道路等各个方面的种种作为和终归受挫的际遇。

第12、13章"抗战时期和战后：政治和论战""回到北京"，对梁漱溟从乡村运动转入政治舞台、从改造社会的"弥赛亚"变身为调停斡旋政争的"自由派"，而最终依然被抛出局的遭逢，给予描述和分析。第14章是1986年修订版的跋，补记了作者亲自采访过梁漱溟之后的一些细节发现和感想。

《身边的江湖》

郑世平著　广东人民出版社 2013 年 9 月出版

全书 14 篇散文，编为 4 类。第一类：《掌瓢黎爷》《移民老谭》《乱世游击：表哥的故事》《绑赴刑场的青春》《风住尘香花已尽》。前两篇写友人，中间一篇写亲戚，后两篇写邂逅者。虽然身份各异，和作者的关系也大不一样，但他们都在文中展露着位处社会边缘的畸零情态。只不过具体形式不同。像黎爷，还有余力在畸零中表现出几分扭曲的豪横。而老谭和表哥，则甘于在逆来顺受中调整和改变自己。更不济的，如后两篇中一男一女两名年轻人，就要随波逐流甚至沉沦、迷茫。

第二类：《"酷客"李斯》《散才毛喻原》《颓世华筵忆黄门》，记述三位艺文界朋友。与庸常文友唱和之作刻意给人脸上贴金的路数相反，这三篇努力抒写的是文友不文的驳杂一面，似有些文出于野的讽世意味。

第三、四类各三篇：《球球外传》《童年的恐惧与仇恨》《残忍教育》和《湖山一梦系平生》《香格里拉散记》《民国屐痕》。前三篇着力凝视现实人性中的残酷，题旨和取材略显平淡。后三篇观照社会文化因时因地的流转变迁，忆武大母校 80 年代风气、察汉藏杂处地区宗教习俗、寻海峡对岸民国时期余韵，情思饱满，文笔绵密，均有深切寄托。

《〈世界文学〉中的美术》

庄嘉宁著　社会科学文献出版社2013年10月出版

　　一部百年中国新文学史，在我们的习惯认识中，常有不同的简化形式。要么是机械分割成现代和当代两段，要么是简单等同于作家和作品的堆积。这本《〈世界文学〉中的美术》，如其副题"从老《译文》到《世界文学》"所称，写作的初衷只是为了回顾、展示一种重视运用并且精心编排美术素材的独特办刊传统在一份文学杂志的前世和今生绵延流变的历程。但它的实际内容，却分明已开拓出了许多视野局促、观念僵化文学史专著所无力触及的一个丰富多彩的文学史实新面向。

　　从20世纪30年代的老《译文》，到20世纪50年代的新《译文》，再到《译文》更名《世界文学》之后几经跌宕一路坚守，直至当下，一条始自鲁迅、继于茅盾、盛于《世界文学》历届编辑同仁的"以图助趣""因图立文"的文学编刊风格代代传承、不断发展的脉络，随着书中十余篇图文并茂的史话和忆述，得到了清晰、全面的凸显。这里既有文学媒介史和文学传播史的生动信息，也有能够直接映现作家、编辑家个人的精神世界和社会文化风尚的美术形式的具体可感细节。

特别是《鲁迅与现代木刻艺术》《鲁迅喜爱的外国画家》和《〈译文〉〈世界文学〉的封面设计》《外国作家的画》《外国画家的画》这两组文章，资料详备，梳理有致，完全可以看作有关鲁迅美术观和《译文》《世界文学》编辑史以及当代中国的外国现代美术引介史等专题的几个精致的专题平面展。

《唐诗三论：诗歌的结构主义批评》

[美]高友工、梅祖麟著　李世跃译

商务印书馆2013年10月出版

这本230多页的文集，仅收有三篇论文：《杜甫的〈秋兴〉：语言学批评的实践》《唐诗的句法、用字与意象》《唐诗的语义、隐喻和典故》；而且，这都是两位作者早在1968—1978年期间面向当时美欧学界所作。25年前，本书的中译本曾以别名初次出版，这次是中译再版。

两位作者分别久任普林斯顿大学东亚学和康奈尔大学中国文学与哲学教席的专业资历，以及在海外中国文学研究界的长期享誉，保证了他们这本合作文集汉译再版的学术价值和纪念意义。不过，对如今的国内文坛，这本文集的启益，也许更在于为我们提供一种有助中国文学切实"走出去"的认识思路。

而这一点，也正是这本书里的三篇论文跟一般所谓中西诗歌的比较研究区别最大之处：它们利用和依循了如耶鲁结构主义语言学这样很具体的某派西方理论的视角和背景，但仅仅是以此作为展开作品分析和问题探讨的出发点，在术语运用和结论表达上，却都一概生发和收束于唐诗和中国文论的范畴。简单地说，这包含着一种以尊重和利用他者话语形式的方式来达到有效阐释自我和论证自我目的智慧。

《宁静的地平线》

张郎郎著　中华书局 2013 年 10 月出版

依中国当代文学史上的作家世代谱系来看，《宁静的地平线》的作者属于"十七年"后期城市"读书沙龙"中兴起的一辈。他们从文学史诗高歌猛进的时代氛围中成长起来，继而又进入幽暗低回的岁月，经受了艰难周折，最终在写作上大多熔铸成了一种大叙事和自叙传杂糅的奇特风格。

以与书名同题的篇章为重心的这部散文集，比之作者此前出版的另一部散文集《大雅宝旧事》，在题材对应的时代背景和个人遭际上，可谓一脉相承、续写新篇。只是在《大雅宝旧事》里，作者重在缅怀自己"少年不识愁滋味"的早年生活，童趣盎然，温情脉脉，色调暖而光泽亮。而《宁静的地平线》，虽然按作者的说法，这仍然还是在讲有意思、能解闷的故事，但故事背景的推移，已使这本书里故事无法完全回避来自历史真实的狰狞和荒寒。

如果《月洞门》《晓红》《琴声》三篇，只是从亮白里划出的几笔淡墨点染，那么，旁观视角下的《孙维世的故事》《关露及其他》已显出难以明辨的沉重。而戏谑道出的三位狱友的故事《王庄》《家书》《金豆儿》和作者自己的故事《"太阳纵队"传说及其他》《宁静的地平线》《迷人的流亡》，在多少有几分刻意的庄谐并用的修辞润色下，为史存真和补史之遗的郑重情态，也豁然可见。

《中国都市史》

[日] 斯波义信著　布和译
北京大学出版社 2013 年 10 月出版

近代以降，都市现象和都市问题，渐成为中国社会的核心现象和核心问题。在这方面，深入的关切者不止国人，更有外人。这本新近汉译出版的《中国都市史》，就出自一位对中国都市问题素有研究的日本知名的中国史学者斯波义信之手。

全书三章：第一章"历史上的都市"，分"县城和乡镇"和"都市的空间论"两节，前一节概述了先秦至清代中国城市从"邑"到"市镇"的形制变迁线索，后一节讨论了中国城市的立址条件、街市布局、城墙构型特点；第二章"都市的体系"，分"作为定居点的都市"和"都市的社会结构"两节，主要以清末的资料为基础，通过对商业人口比重和商业行当及活动聚落的种类、数量等数据，做了取样统计和个案分析，归纳比较了中国不同地区都市的都市化度和都市生态指标的相对关系；第三章"都市的解剖图"，分"巨大的都市汉口""从宁波到上海""台湾的都市化""再论城镇：广东的佛山镇"四节，以宋至明清时期的文献为据，展开都市史个案描述和比较。

另有交代成书缘由的前言和整合、引申各章观点、补充界定关键概念的结语,以及穿插各章的图表多幅。概观全书,它视角和理路上最值得重视的一点,就是把中国各地城市形成与变化的原因大多都归结给了中国社会内部,而不是外部。

《船头》

张锐锋著　东方出版社 2013 年 11 月出版

上世纪末，各种"新"字头的创作流派旗号一度竞相标举于文坛。在这之中，主要靠着实实在在的作品、而不是高头讲章的理论来说话的"新散文"，可能是最低调的。如今，十多年过去，"新散文"主将张锐锋陆续出版的散文集已累积近 20 本，"新散文"的影响也从作家圈扩大到了读者群。

新出的这本《船头》，收文 15 篇，多为张锐锋近年新作。书中最醒目的，自然是体量格局上与传统散文拉开显著距离的 8 篇 2 万字上下的长文。

其中发表稍早的《火车》，凭借气韵生动的刻画、绵密深切的省思、浑朴优雅的语言，已成为"新散文"的典范文本。而与之笔触风致相似、但细节内容更丰富的《深的红》《升与降》《失乐园》三篇，组合烘托出了一个以崞阳镇和庄头村为实地场景的宏阔而幽深的文学意境。蕴含在这个意境中的，既有独属于作者个人的乡土情思，更有被快速的时代步伐搅乱了的社会心理层面的原乡情结。

对这一切，这三篇散文尽管视角、格调有异，但均未止于浮表的呈现和抒情，而是都开掘到了理性观照的深度，显出文化反思的力度和冷静。

书中单文篇幅最长的《船头》和《南风》，素材分别得自在黄河沿岸和历山自然保护区的采风、寻访。与一般采风类作品截然不同，《船头》《南风》不单用清晰、灵动的描写还原和激活了素材中的人与事，更以此为支撑，做了气势开张、理趣盎然的阐发和剖析。

尤其是与书名同题的《船头》，为在当代文学作品中一贯形象简陋、意义刻板的中华民族的母亲河——黄河，从现实与历史、民族与世界的多重景深里，作了极具新意的文学重构，颇有冲击力。

《重构近代中国：中国历史写作中的想象与真实》

[美]李怀印著　岁有生、王传奇译

中华书局2013年10月出版

历史的客观性毋庸否认，但人们对历史的感受和认知，往往直接来自有关历史的叙述，而不是历史本身。在这个意义上，历史学家的专业撰述几乎具有"创制"历史的性质。由此，他们在不同时代应不同的社会需要所进行的叙述和解释历史的写作，不但在当时皆具明显的现实功能，而且事后看来，也还有如镜映像、反照时代特质的另一种功能。

《重构近代中国：中国历史写作中的想象与真实》正是一本致力于揭示历史写作的后一种功能的著作。它勾勒了百年来中国近代史写作与时俱进的迁延脉络，归纳、探究了各时期代表性的历史作品在整体框架和关键个案上不断变化造型和更改色调的特点和缘由。依其所示，与中国社会的近代转型和现代发展相伴随，对于中国近代史的叙述和评价从清末至今，一方面先后经历了悲观主义的现代化叙事、浪漫主义的革命叙事、乐观主义的现代化叙事和怀疑主义的后现代叙事几种模式；另一方面，越到后来也越明显见出多种模式并存现象。

作为上述四种模式史著的典型作者，前辈史学名家蒋廷黻、范文澜，以及20世纪50年代末期和20世纪60年代中期两波"史学革命"的众多风云一时的卷入者，20世纪80年代兴起的"新启蒙史学"和"现代化理论"的领军人物黎澍、罗荣渠，20世纪90年代以降"超越主叙事"的"后现代史学转向"潮流中的杨念群、赵世瑜、杨奎松、沈志华等当代学者，其主要史著或史学观点都在书中得到了精当评析。

《周策纵作品集 1：忆己怀人》

[美] 周策纵著　世界图书出版公司北京公司

2014 年 1 月出版

　　以研究五四运动史著称海内外的旅美华裔学者周策纵先生，于 2007 年辞世。在国内读书界，他留下的形象中，最醒目的还是历史学家，其次是红学家、古典文学研究家和翻译家。他以上各方面的著作，前些年在国内都曾有过出版。至于用现代白话写忆述身世遭逢和亲朋故旧的体己的散文，这样的形象也许在这本《忆己怀人》里，才是第一次显露。

　　一位具有多面学术、文化形象和丰富人生经历的老前辈的散文集，总是会让读者满含期待。但若以此来看，书中选文显得少了些。从书后所附的作者著述目录来看，散文写作本非作者所重，而收入这本书的，也并不是作者散文的全部。不过，书中收文 9 篇，确是各有可观之处。

　　《我的故乡》《抗战回忆极短篇》《我的发蒙：家教·私塾·小学》《初中点滴：初离家乡和卷入反日运动》《忽值山河改》5 篇，一派絮语风致，追述身世，回顾往昔，忆及诸多琐细景物，总描摹得丝丝缕缕如历历在目，大有"景语即情语"的滋味。《我和孙大雨先生认识的经过》连同附录"孙大雨先生生平"和"孙大雨致卞之琳信"，折射历史与人性幽暗一角，有史料参考价值。《"意气相逢"：念丰子恺》，简短质朴，亦有史料意义。

比较起来，《忆袁同礼先生》《一个中国知识分子的风骨》两篇，在全书中情思含量最重，尤其是后一篇，记述20世纪50—60年代一位普通的华裔学者卢飞白在美国艰难谋生而又坚守志向、不懈追求的苦涩经历，饱含一代海外学人特有的沧桑忧患。

《书风法雨》

朱幼棣著　中央广播电视大学出版社
2013年11月出版

实用的书法渐趋衰落,艺术和市场结盟的书法却在兴盛。这时候,或许正该有一部《书风法雨》这样有脾气、有见识的著作,面对书坛书风不避时忌,为书法正本清源,对怪象、偏流直击无讳。

全书图文并茂,整册全彩色印制,分为"笔墨技法杂论""旅行与学书""名家书风""书论纵横"四卷,内含或叙或议的专文共23篇。其中,《谈临摹》《碑帖与民间书法》《再谈楷书——兼论"启功现象"》《蔡襄:"宋四家"中地位的确立》《于右任和〈标准草书〉》《从沈尹默说起》《现代书法和书论批评》《遍地"草圣"》等篇,返求书法源流故实,针砭各路怪乱新奇,指名道姓,激浊扬清,读来尤觉酣畅。

而整个第二卷中《破城子:流沙追歼》等5篇,则是体例风味上堪比《文化苦旅》的美文,只是内容更加特别,它们都是作者亲身前往书法胜地名址、访求寻踪的见闻感思录。

《一个人和新疆：周涛口述自传》

周涛口述 朱又可整理

花城出版社 2013 年 11 月出版

　　作家以写作为业，但不是每一位作家都值得为自己作一部传记。因为精彩的创作背后并非都有精彩的现实人生做支撑。何况，恰到好处的自我描摹和自我总结，难度更在可以天马行空的虚构之上。自我描摹需要尽可能拉近距离、细腻刻画，以显形迹情态之微；自我总结则需要放大视域、纵观俯瞰，以见精神器局之大。

　　新边塞诗派的主将、"解放散文"的倡行者周涛的这本新书《一个人和新疆》，虽标名"口述"，实际的话语风致却与他驰骋散文创作30年的笔耕路数一脉相承：微观传神，宏观畅达，时时处处闪现出一种从凡常生活经验中化腐朽为神奇的妙趣。

　　全书21章，历述1946年到2012年作者从出生于山西到启蒙于北京，再到迁居、成长于新疆而跋涉、收获于文坛和军旅的人生遭际。一路走来，遍布曲折，却也机遇重重。一种承自父辈的"天降大任"的豪情的促动，一个渐行渐近的文学梦的引领，一片广袤、苍凉而又满含温厚的土地的滋养，合成了周涛亦文亦武、"半汉半胡"的生命谱系。但诗人的超迈和散文家的质朴，总让这生命谱系的每一片断，都展现得雍容大方、爽快坦荡。

因而，在"童年""进北京"和"到新疆"几章里，作者固然是在为自己寻根，但更是在侧写和小写当代中国史的开篇。在"中学时代""乒乓岁月""恋爱""我的大学"几章里，也不仅有作者个人的青春故事，更有入疆干部阶层和乌鲁木齐城市发展的历史侧影。

而占全书多半篇幅的"'文革'""在伊犁""吉木萨尔纪事""喀什八年""从军行""新边塞诗""解放散文""老山前线""回首""文坛"这 10 章，就愈加明显地是在用个人的切身经历，来映照、见证和丰富一段宏阔的社会史和文学史。熟悉和爱好周涛作品的读者，从中也可以了解到与周涛《山岳山岳，丛林丛林》《游牧长城》等重要作品问世密切相关的趣事秘辛。

为全书压卷的"'少将'""父辈""官""新疆人"几章，或自述近况，或追念亲人，或思忆同窗，或把脉时势，皆作者近年省己、察人、阅世的深思熟虑所得，感慨沧桑、忧患世事，待有心者会意、有识者切磋。

《野渡》

严彬、马培杰编　广西师范大学出版社
2014年1月出版

"开卷有益"的古训虽然动听,却不能保证所有的书都有益、所有有益的书都能被人充分理解。好书和好的读书人,还需要凭借读书以外的途径相互发现。"凤凰网读书会"2010—2013年四年精选集的文学艺术卷——《野渡》,收入的正是这种作者与读者面对面交流的14个现场的文字实录。很显然,这类活动最特殊的意义不在于简单的营销造势,而在于对书中的内容能够有所扩充、对阅读的直感能够有所深化。

照此来看,《从废墟到花园》中朱天文创作心理的自我描述,《穷,以及经验匮乏》中梁文道娓娓谈出的香港文人生态和香港写作经验,《我的写作生涯的痛与情》中严歌苓文学生活的回顾与展望,《耄耋之年回眸诗歌传统》中洛夫诗歌理念的新阐发,《春秋的老实人和天真汉》中李敬泽对历史典籍和文学现状的精辟妙悟,《中国式优雅》中披露的白先勇从《牡丹亭》转向《玉簪记》的复兴昆曲新征途,这些信息都属"凤凰网读书会"的独家发布,堪称全书魂魄。

《误解的对话：德国汉学家的中国记忆》

李雪涛著　新星出版社2014年1月出版

"误解的对话"是一个容易被误解的书名，同时，也是全书视角的出发点和观念的总轴线。为阐明其义，作者特列一篇以这一书名为题的42页长文，做全书的"代序"。在域外的阐释学常识和海外学者引申的"去脉络化"和"再脉络化"机制中，所谓"误解"，正是对理解的明辨，主体换位，背景变易，再现的认识对象不能不被"误"置、"误"解。

在海外汉学和本土国学的对观中，这种相互误解不可避免。书中第一辑收两文，《"汉学"与"国学"》《试论民国时期德国汉学与中国学术界之互动》。前为作者与台北"中研院"外籍学者何乏笔的对谈，探讨了"汉学"和"国学"各偏一隅的理据危机和学科困境，提出面向现实的主体和文化语境多元化学术实践预设；后为史论，归集并重评了20世纪20年代至40年代初中德学术交流和学者往来，以及德国在华设立学术机构、开展学术研究的相关史实。

第二辑收文七篇，除《汤若望笔下的明清之变》一篇外，其余6

篇都是记述福兰阁（1863—1946）和傅吾康（1912—2007）这对德国汉学家父子的。他们父子在不同的时代里（1888—1902和1937—1950），同样都在中国生活过13年，而且都同样在国际汉学界声名卓著。对他们学术人生画卷的详实呈现，不仅具有深描德国汉学史个案的意味，更能显明作为学术的"汉学"和作为个人的汉学家，交互于客观和主观、总体和个性两端的生动、复杂情形。

书中第三辑收文8篇，均为学人学理的个案评析，涉及荷兰汉学家许理和，德国汉学家罗哲海、白乐日、卫礼贤，以及曾在德国留学并获哲学博士学位的两位中国人熊伟、乔冠华。

《哈佛日本文明简史》
（插图修订版）

（美）阿尔伯特·克雷格著　李虎、林娟译
世界图书出版公司北京公司2014年1月出版

邻人缘于居处，迁居即可选择；邻国系于疆土，相处必须相知。而且，越是在相处不谐的时候，越是需要更深入的了解。日本的"中国通"太认真，而中国的"日本研究"则多皮相。这是鲁迅那代人曾有过的感慨。弥补这样的缺漏，一是多看看日本人是怎么研究我们和他们本国的，另外，也得留意别国对于日本的研究。

这本图文并茂的《哈佛日本文明简史》，篇幅虽简，立论甚精。作者阿尔伯特·克雷格（Albert M. Craig）是美国资深的东亚研究专家，多种日本史研究的学术代表作在国际学界具有权威地位，这本日本文明简史译自他2013年对此书的修订再版，吸收了最新的研究成果，增加了新的数据、图文资料，补写了关联现实的新内容。全书分5章25节，扼要而系统地介绍了日本从人类社会之始直至当前的历史进程。

与寻常见惯的同类著作相比，这本书最大的亮点有三：一是确认了人类文明自亚洲大陆东北和朝鲜半岛分批进入日本的历史线索；二是明辨了奈良和平安时代（7至12世纪）日本对中国的制度、文化和宗教经历了先了解、学习,再移植、改造,最后全面加工重构的过程;三是梳理了德川、明治、大正时代日本帝国主义政治力量兴起的社会思想背景。

《古希腊艺术》（插图版）

[德] 托尼奥·赫尔舍著　陈亮译
世界图书出版公司 2014 年 3 月出版

据译后记介绍，这本书的作者托尼奥·赫尔舍（Tonio Hölscher），是德国海德堡大学古典考古学资深教授，在德、英、意多语种古典学界声望卓著。他 67 岁时出版的这本德语原版小书，篇幅简约，图文并茂，话语晓畅，全无高头讲章式的注释，只为向非专业读者普及古希腊艺术常识。经汉译之后，加了不少注释，但都属帮助理解原文细节和历史背景的知识补充，与正文的质朴明快相得益彰。

我们现代汉语世界里的一般读者，虽与这本书最初预期的德语圈里的读者大众，有认知基础上的差异，但同样可从书中获益。全书四章，知识性最强的是以"古风时期""古典时期"和"希腊化时期"为题的后三章。自克里特和迈锡尼青铜文化灭亡之际的公元前 12 世纪，至希腊社会大变革的公元前 5—4 世纪，再到公元前 31 年希腊文化并入罗马帝国，这一漫长历史进程中希腊图像艺术的流变脉络，在这三章里，得到了要言不烦的清晰展示和透彻解析。

其中，引入近来研究成果，澄清"黑暗世纪"的艺术并非一片惨淡，揭示进入"古典时期"前后希腊文化从依赖"东方"逆转为与"东方"对立等关键史实，尤具新意。而确立全书视角的第一章"图像作品和生活世界"，则更能带给我们思维方法上的冲击。它破除了把古代图像仅仅当作博物馆展品和艺术史或文化史风格见证来看待的成见，重建了图像在空间、时间和行为范畴内都作为社会生活的一个有机部分而存在的历史实景。

《现代英文选评注》

夏济安评注　外语教学与研究出版社
2014 年 1 月出版

20 世纪后半叶台湾现代主义文学潮流的兴起，源于 1950 年代少数报刊栏目和文学杂志所带动、扶持起来的创作群体共同的努力。时在台大外文系任教的夏济安领衔创办的《文学杂志》，可谓首发难者，其历史功绩已由白先勇、王文兴、陈若曦等经它而初登文坛的一辈实力派作家充分证明。

这本《现代英文选评注》，正是当年夏济安一边在校园里教书办刊、培养人才，一边为校外的《学生英语文摘》撰写专栏、服务社会的一个侧面记录。全书摘选英语作品 45 篇（比 1959 年台北繁体字初版少 1 篇，比 1985 年上海简体字初版多 4 篇），出自生活在 19 世纪下半叶以来的 32 位美国作者、12 位英国作者和 1 位爱尔兰作者之手，体裁涵盖小说、随笔、传记和评论。

作者和选文中有福克纳《熊》、桑塔耶那《最后一个清教徒》、韦尔蒂《寒笛》、考特威尔《男与女》、史华兹《君子好逑》、毛姆《康德的日常生活》、邱吉尔《诺曼底登陆》等名家名篇，也有批评家戈登对海明威小说《永别了，武器》的论析、文学史家布鲁克斯对历史学家普瑞思各德的记述、哲学家怀德海的访谈语录，以及评注者悉心发掘的非名家所作的精湛篇什。

各选文题下，均有评注者用心撰写的作者生平简介及文风评述，概貌与细节并陈，生动传神。正文部分英语原文与中文评注穿插排列，上下比照。评注除对字词、句法和片语以及人物、典故等作辞书式的扼要释义外，更多从修辞肌理、谋篇布局和行文脉络角度着眼，进行恰切地引申和辨析。这完全可以说是在中文的形式与逻辑，来展现与英美"新批评"异曲同工的文本细读功夫。细读这样一本在海内外读书界称誉已久的评注文选的新出简体字版，有心从道地的英文佳构中体味写作技巧之妙的新一代读者和作者，定然依旧不会失望。

《赖床》

江弱水著　北京大学出版社 2014 年 1 月出版

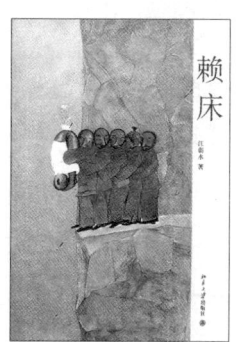

文化散文的高潮已经远去,学者散文的浪头也不再翻腾。学者的文化情怀和红尘感触,却还是不能在刻板僵硬的论文和专著里,得到明白的表露和尽兴的排遣。当然,学者在论文和专著之外的写作,也不一定非得称之为散文,或者非得跟学者的身份挂钩。只要言之有物、面目精彩,作者与读者不相欺、相误,写作就自有价值。至于文类如何论定、体例有无渊源,其实都可以不必在乎。但《赖床》所收的 36 篇文,显然都是有根的。

第一组 19 篇,为迟睡迟起张目求证的《赖床》打头,述浙东访古游踪的《从山阴道到天台山》煞尾,中有描摹"香烟"意味的《随烟飘散的思絮》、趣谈蔬食时尚变异的《咬得菜根啃得鸡》、庄谐并用反讽世相的《风月三题》《为美丽命名》《庄子怕我们吵着要文化》,以及刻画友人神态和居处日常风景的《老车有意思》《舒哥》《湖光·山色·寺影》,题材虽杂,文体相似。

总体上看,是在依循承欧美随笔而来、从 20 世纪 20 年代的徐志摩和梁遇春到20世纪40年代梁实秋和王力等人的散文写作里渐渐定型的一套路数。围炉絮语、书斋清谈是其风致所求。而谈锋所至、视界所及，又总以须臾间度越古今、横跨中外、荡漾于雅俗两端为上。当年"新月"人物，写这路八面出锋、仪态飘散的文字，实际并不轻松，今人更不例外。要举重若轻，首先得举得起重来，否则就只能流于举轻若轻，甚至更不济，变成吃力不讨巧的举轻若重。

书中第二组9篇文，均为书评。这也是中外皆有的传统文体，不过在作者这里见微知著、把握细节的敏悟力显得更突出，尤其是关于巴尔扎克《风雅生活论》和赵园《想象与叙述》的两篇。书中第三组是8篇读书札记，末三篇为蒋勋指谬的"撕扇记"，犀利确凿，足令当事者汗颜、旁观者戒慎。

《全球化与文化政治》

张旭东著 朱羽等译

北京大学出版社 2014 年 1 月出版

全书 8 章,分为三部分。第一部分"思想话语:民族和全球的规定性",以"政治的回归:90 年代思想场域的形成"等三章,综论 1990 年代中国思想文化格局的特性和变化趋势。第二部分"文学话语:全球化时代的叙事可能性",同样分三章,分别以王安忆的小说《"文革"轶事》《长恨歌》、上海在现当代小说和杂文写作中的表现形式,以及莫言的小说《酒国》为聚焦点,对现代中国的文学叙事状态展开分析。第三部分"电影话语:普遍性、独一性与日常世界",包括两章,分别解读电影《蓝风筝》和《秋菊打官司》的社会学内涵。

相较于以上各部分,书前一篇作为中文版代序的、长达 39 页的访谈"从现代主义到文化政治"和随后一篇 24 页的导论"90 年代中国的文化政治",对涵盖全书的观点立场,做了更明确、系统的陈述。贯穿其中的一些判断,即便还不能算是完全严格的事实概括,也很值得当作一种面向现实的理论预设,予以关注:80 年代的现代化想象是以现代性尚未普及为条件的,而 90 年代的"后现代性"则是现代性已成现实时出现的问题;这时出现的挑战是叙事学性质的——怎样以分析性、批判性的思考,在一个不完整的故事里讲出这个时代的完整含义。

《政治的细节》

[美] 罗伯特·J. 阿特、罗伯特·杰维斯等著
陈积敏等译　世界图书出版公司北京公司
2014年3月出版

　　这是一本历史悠久的国际政治教材,最初问世于1973年,第10次修订的英文版刊于2010年。前几版早些年曾以英文影印版或中译本在我国出版过,用的都是贴近或直译原版的书名:"国际政治:常在概念和当代问题",或"国际政治经典选读"。意思虽然比较忠实,但也阻挡了非专业读者的接近。

　　第10版的中译本书名改作"政治的细节",消减了课程教材和高头讲章的气息,展露了书中原本一直就有的那种"天下非一人之天下,乃天下之天下也"的情怀。当然,这情怀的表现形式并非一般的诗情和文思,而是学者面对现实的冷静描述和理性分析,确切地说,这是一种知识情怀。

　　全书共16章,荟萃西方学术经典和当代英语世界活跃学者有关国际政治的54篇文章。围绕无政府主义国际状态、国际间武力运用、政治经济学与全球化以及恐怖主义、内战、人权、国际法、全球公地、全球治理等当前国际热点现象等议题,各篇选文组成了一幅事实叙述、

数据统计、理论建构、问题探究多层面交相映照的国际政治的立体全景图。

其中，探究国际关系的无政府状态、国际间武力运用的可能类型、全球化政经效应的批判、国际干预败多胜少的历史记录、全球公地的生态悲剧、全球治理中的微型多边主义框架、全球未来人口地图等内容的篇章，都饶有意味，足以增知启思。

《中国艺术与文化》
（插图修订版）

[美] 杜朴、文以诚著　张欣译
北京联合出版公司 2014 年 2 月出版

艺术思维植根于生活，但它开花结果的形式和状态，并不都能归于艺术的范畴或者达到艺术作品的高度。从这个角度看，艺术史的记载常常是只问收获、不问耕耘，带着一种缺乏艺术审美关怀的功利气。这本据说在美国多所大学被当作中国美术史教材的《中国艺术与文化》，恰好与此相反。

它在书名里不肯单单标举"艺术"，而要让"文化"与之相随；在正文各章节，它也从始到终贯穿了把器物、图像、遗址、建筑等各种具有视觉艺术效应的存在都努力涵盖的大艺术视野，并且书中对它们的解读，也绝不局限于本体，而是常把讨论延伸到社会结构、政治背景、技术条件、市场关系、生活习俗等历史文化脉络深处。

从第一章"史前渊源：新石器时代晚期文化"，到第十章"19—20世纪中国艺术的身份和群体"，全书 390 多页篇幅、共 10 章 40 余节，历述远溯仰韶文化、近抵当今时代上下五千年的中国艺术流变进程，不少在我们惯常习见的艺术史册中非得用专书来对待的朝代，在这里占不到一小节的分量。但在如此疏放的格局内,并不缺少深切的细节把握和成因探讨。

这一点,除了在针对绘画、雕塑等传统艺术的主要门类和许多在艺术史上位尊名显的大家名作的讨论中,有突出体现外,更体现在有关书法、建筑等传统艺术的附属门类和民间、实用艺术品的探讨中。此外,全书配图多达 400 余幅,且随文编排,注析明确,对理解正文也有不可替代的助益。

《正方形的乡愁》

阮义忠著　九州出版社 2014 年 3 月出版

　　台湾 50 后摄影家阮义忠近年在大陆出版的老照片配随笔形式的作品系列，已广受关注。新出的这本《正方形的乡愁》有两点特殊之处：一是书中所收的全部 80 幅照片都用 120 相机 6×6cm 胶卷拍成；二是这些照片的拍摄时间跨度在 1976—1999 年间。

　　虽然相机的出产地有异，同时期的社会情境和生活面貌也大不一样，但海峡两岸的平凡人家通过 120 相机来定格自己生活中亮丽一刻的岁月，几乎是同步的。不过，这本书里大多数照片的拍摄时间都已是 120 相机在两岸都不再流行的八九十年代，作者当时特地拿古董设备拍照，颇有怀旧之意。而怀旧的镜头所向，多是最能凝聚社会本真底色的日常生活场景中的普通人。

　　80 幅照片中，纯摄景物的不足 10 幅，其他照片里都有人，而且大都是表情清晰可辨的人。好照片不必都聚焦于人，无人在内的画面也未尝不能感人。但意在怀旧或者承载乡愁的摄影，镜头非得瞄准人、而且是置身于细节信息丰富、时代特征鲜明的历史景深中的人不可，否则就很难见出神魂。

  1988 年摄于淡水车站的《等待的母子》、1978 年摄于台北的《石碇村的小孩们》、1989 年摄于宜兰的《南澳村的假老头》、1979 年摄于马祖的《马祖芹壁村的老人》，都属这类在取景和按动快门的刹那间就已经把人物和整个时代牢牢凝结在一起的精彩有神的照片。相形之下，其他的照片，则属于需要配合着作者忆述拍摄过程的随笔短文，才能相得益彰、让读者充分会意的另一类别。

《京都流年》

[日] 奈良本辰也著　陈言译
北京大学出版社 2014 年 1 月出版

这本书日文原版的书名是"日本文化论",中译本改名为"京都流年"。这使它的内容和书名显得更贴切了一些。因为全书所述,虽然洋洋洒洒,大有在其副题所示的"美意识与历史风景"的广阔世界里信马由缰、纵横驰骋之势,但整体上的重心和线索还集中在在寻绎京都这座文化古城的历史,特别是平安至幕末时期京都作为日本首都、对日本的政治和文化发展产生重要作用的那段历史。

作者奈良本辰也,是一位反对僵化学术体制、从大学教席主动辞职的在野历史学家,同时又是一位思想、性格和为人为学方式都富于乐天主义倾向的审美的生活者。这本书中随笔漫谈式的赏景析理、品藻人物和述史论史,处处可见作者那种推崇"美意识"而轻视"得与失"的独异个性流露。甚至在谈到历史事例中看透死亡的"武士道"的典型表现时,他也特别强调,乐天精神和武士道看似对立,但在更高境界上也完全可以自由转换。

而这样的境界,用他引述的话说,就是"山下歧路多,山顶同见月",无论处境如何,都能做到不悲观、不忧虑,以坚定的自信处理好一切。

《我读：读书，让我们不再孤单》

梁文道主讲　　凤凰书品编

湖南文艺出版社2014年4月出版

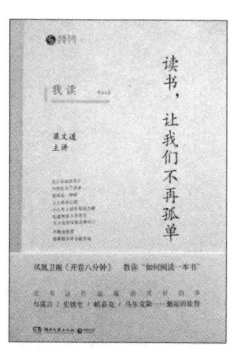

介绍或者引导别人读书，往往比自己读书还难。因为读书所得，本来就是"如鱼饮水、冷暖自知"，要想传达给别人，能找到合适的说法，就已不易；若要令人会意、共鸣，就更是可遇而不可求。这本17万字、280多个页码的32开小书，却一气介绍了52本新书。而且，这些书的主题和内容还跨越了中外文学、社会学、历史学、哲学、政治、科学等众多领域。

但通读全书，并不觉得沉闷、枯燥，相反，常有一种在书中所介绍的诸多题旨肃穆、庄重的著作中穿梭流连的轻快、从容感。这一方面，当然是因为书中各篇文稿皆源自电视专栏节目"开卷八分钟"的主持人讲解词，带着口语表达的洒脱底色；另一方面，也跟被介绍的这些书"及物"而不媚俗的现实意义和专业品质有关。

莫言、王安忆、苏童、史铁生、奥尔罕·帕慕克、加西亚·马尔克斯、赫塔·米勒、菲利浦·福雷、罗伊德·琼斯、扬·马特尔、艾萨克·阿西莫夫的小说，郭于华、于建嵘、夏榆、黄宗智、应星、萧楼、梁鸿、熊培云的社会学或经济学田野调查,高华、资中筠、王汎森、周予同的历史与学术批判,维特根斯坦、霍布斯鲍姆、乔治·斯坦纳、皮埃尔·布尔迪厄的生平和思想传记,以及《洗脑术》《中情局罪与罚》《大脑操纵》《沉默串谋者》《信任的力量》等直击技术与政治文明幽暗面的专书,合起来,正可组成一幅对应着我们面前这个时代的全景纵深图。

《共和中的帝制》

张鸣著　当代中国出版社 2014 年 5 月出版

1917年7月1日至12日的张勋复辟，从持续时间和实际危害上讲，都不算特大的历史事件。但它对当时刚登上社会文化舞台不久的一代新派知识分子，却造成了严重的精神冲击。千难万险的流血革命换来的共和政体和一夕之间就可以还魂再现的帝制，两者的交替轮换可以如此迅忽，形似一场偶然促发的闹剧。被革命切分开的时代巨变，顿时显得含混起来。

这本出自政治学者之手的通俗讲史著作，将张勋复辟置于国内、国际脉络纵横的社会历史背景之中，做了抽丝剥茧式的新阐释。后袁世凯时期府院之争日趋白热化的民国政局，操弄两面手法不断干预中国内政的日本和欧美列强，一概被纳入观察和评析张勋复辟前因后果的视野。向来被简化为冥顽不化的一介粗鲁莽夫和历史丑角的张勋本人，也在这一生动、广阔的历史景深的叙述建构中，逐渐展露出于史有据而又合乎情理的立体化的饱满形象。

书中着力最多，也最见精彩之处，是对从当时正常议政体系中旁逸斜出的武人干政聚会——徐州会议的描述和探究。这一聚会在1916年6月到复辟前一个月的一年间先后操办了四次,表面上的召集人是盘踞徐州的张勋,但越到后来越是在暗中刻意利用和掌控张勋的,却是远在京津一带伺机而动的段祺瑞。也正是由于对这类关键细节的深挖细掘,张勋复辟与其时代情境之间,彰显出了一种类似棋子和棋局、台前和幕后、冰山一角和整个冰川似的幽深繁复的历史层次感。

《中国现代小说史》

夏志清著　刘绍铭等译
广西师范大学出版社 2014 年 5 月出版

历史本身和人们对历史的认识,都不是线性递进的,即使在向前发展的段落上,也不一定严格依循着笔直的路线。这本来是常识,但坚持它并不容易,尤其是在看待文学历史的时候。也正因此,文学史方面的观点和著作,常不能按照问世的先后早晚,来论定是非正误。立论在前的,未必就陈腐;立论在后的,不见得有创见。

夏志清所著这部初版为英文的《中国现代小说史》,是为中国现代小说史以至整个中国现代文学史的研究在西方汉学界争得一席之地的开拓之作。1961 年初版之后,它的英文版于 1971 年和 1999 年做过两次修订再版。随后,1979 年、1991 年、2001 年,它又在香港友联出版社、台北传记文学出版社和香港中文大学出版社,先后出了三版繁体中文译本。2005 年,上海复旦大学出版社首次推出了它的简体中译增删本。

2014 年广西师范大学出版社的这一版,是它的第二个简体中译本。与复旦版从香港友联的繁体中译版增删而来不同,广西师大的这个简体版是以台北传记文学出版社的繁体字版为底本。这两个繁体中译本的译者团队和译笔风格都一样，仅在个别章节的字眼和句段细节处理上略有差异，与之对应的两个简体版除显示这点区别外，更主要的不同是在对底本的删略部位和程度。

  但凡经典，也许注定将在长时间内被置于角度和尺度不同的取景框中来看待。对于这部《中国现代小说史》来说，它至今不坠的价值，已不再是对沈从文、张爱玲、钱锺书、张天翼等个别作家的重新发现和高度评价，而是贯穿全书的那种将知人论世的史家眼光和文本细读的新批评方法全面糅合、紧密关联的总体思路。

《论中国文学》

[美] 葛浩文著　史国强编　闫怡恂译
现代出版社 2014 年 4 月出版

总结莫言获诺贝尔文学奖的各方面经验，大量、及时的作品外译被许多人认定为一大关键。这使得最早向英语世界翻译了莫言成名作、之后 20 年来又把莫言一系列重要长篇陆续英译出版的葛浩文（Howard Goldblatt），一时间成为中国文学舆论圈里高热度的焦点人物。

事实上，熟悉中国现代文学研究的人大都知道，葛浩文对中国文学的贡献不仅限于翻译方面，更体现在学术研究领域。而且，就是在翻译方面，葛浩文的劳作范围也远不止于一两位当红作家的作品，而是扩展到世界华文文学的宽广疆域，涵盖了从现代到当代、从本土到海外数十位作家多种风格创作。至于学术研究，葛浩文造诣最高的则是萧红研究，其成果水准，即使摆在包括中国学者在内的行列里，也堪称一流。

与此相关，在萧军研究、鲁迅研究、乡土文学、东北文学以及两岸现当代女性文学的研究等课题上，葛浩文也多有收获。这本以"论中国文学"为名的葛浩文文集,汇集以上各类论文、随笔19篇,是作者研究中国文学的学术文章首次结集面世。对作者个人,这无疑是一份富有纪念意义的缩微版学术履历。对广大读者,这显然是一条可以款步行走的通道,它连接着一位常年致力构建中西方文学桥梁的资深汉学家独特、开阔而又深邃的知识领地和精神空间。

《经典作家十五讲》

曹文轩著　中信出版社 2014 年 5 月出版

古典和现代、现代和当代、写实和唯美、传统和先锋、中国和西方……诸如此类的无数言词标签，把时刻环绕、围浸着我们的文学经验世界，分割得七零八落、疆界森严。但实际上，除非只是为了书写一部高头讲章式的文学史科书，否则，在日常真切的文学生活中，无论是作为读者还是作者，我们对人类文学经验的感受、汲取、发挥、利用，都必定是浑融一体、自如开放的，难以古今东西为界，少有亲疏远近之别。

常年穿梭耕耘于学术、创作两界的曹文轩先生，对此显然深有体知。在这部解析、品味 15 位中外文学名家艺术风格与人生境界的讲稿中，僵硬的概念、拘谨的判断、面面俱到却又像捶打棉花包一样见不出任何力道的所谓系统论证，这些庸常教科书里习见的话语套路一概被排除。取而代之的，是活泛、灵动的讲述和阐发：既切入经典文本丝丝缕缕的细节脉络，也寻索漫长文学流变中的恒常审美旨趣，处处展现出"片面深刻"的发现和神气灌注的创作历练心得。

正是在这种"显微"与"望远"交叉的双重视域中,下列这些话题,都在书中得到了富有机趣的个性化探讨:鲁迅字里行间的耐心、精准和幽默,郁达夫作品内外的干净、架子和风景,废名语体构造的情趣、禅意和涩味,沈从文小说的柔情、"婴儿状态"和"降格艺术",钱锺书《围城》里的"扑空"、智慧和微妙,汪曾祺文学品质的古朴、沉静和无为,契诃夫创作美学的"凝视"和简练,陀思妥耶夫斯基生命中的挣扎和文学中的"摇摆",川端康成风景描绘的纤细和风雅,普鲁斯特长篇小说结构的"圆满",毛姆为人为文的敏感与孤独,卡尔维诺寓言、童话式写作中的"轻世界",博尔赫斯叙事结构和视角的装神弄鬼,昆德拉小说主题设置和抒情态度的反经典。

《禅定荒野》

[美] 加里·斯奈德著 陈登、谭琼琳译
广西师范大学出版社 2014 年 6 月出版

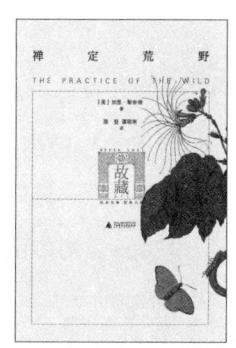

加里·斯奈德（Gary Snyder，1930—）是从 20 世纪 50 年代"垮掉的一代"旧金山文艺复兴运动中涌现出的诗人，也是这一流派至今仍活跃在文坛、并且以体裁多样的丰富创作享誉国际的一位作家。《禅定荒野》是他第一本翻译为中文的散文集。它的英文原版最初出版于 1990 年，今天看来，这也是他开始用散文传达自己追求和呼吁与自然和谐共处的独特生存观的一个醒目起点。

以该书 2010 年英文增订版为底本的这个汉译本，收文 9 篇。按照作者在书后"致谢"中的说法，这些文章的大部分内容得自近 15 年的"随意闲聊、工作式研讨和正式交谈"。而他那些年的主要工作，就是远游他乡，到阿拉斯加、大洋洲中部等人迹罕至的荒野旅行考察，在美英各地的院校、学会、研讨班作演讲，和欧美非亚多国的学界和宗教界友人对话交流。

身为一位青年时期就学习了东方语言、翻译过中国诗歌，并坚持常年修行禅宗功夫的诗人，斯奈德在思想和文体上的表现，自然带有鲜明的东方特色。《禅定荒野》中的《自由法则》《棕色语法》《优良、荒芜和神圣》《青山常运步》《远西原始森林》《道之上，径之外》这6篇，属意深沉、谋篇考究，完全堪称义理、考据、辞章俱佳的美文典范。其余3篇则各有不同，《地方、区域和公用地》专业研讨意味突出，《和熊结婚的女人》对地方神话展开重述和评析，《生存和圣餐》更像是断片式的参禅笔记。

但这本书最可能触动读者的，大概还不是在它的局部，而是弥漫和贯穿书中所有篇章的"荒野"文化观——在书籍和法典所代表的文明之前和之外，人类拥有一种可以与自然共享的生存法则，它孕育了现代文明，也将拯救现代文明。

《罗马人》(插图第 4 版)

[美] 科布里克著　张楠等译

世界图书出版公司北京公司 2014 年 6 月出版

置身全球化时代,人们对本民族和其他民族文化传统的认识、理解,都需要不断加深。作为整个西方文明源头之一的古希腊和古罗马,其社会、文化状况的历史记载及相关学术研究,在我们所处的知识语境中,曾长期有意无意地被简化和归化成我们所习惯的样式。要矫正由此造成的认识偏差,一个权宜的办法就是多阅读几种不同版本的西方人自己写的有关史书。

这部 400 余页的汉译本《罗马人》,依据的就是出自美国一位希腊史和罗马史学者之手的罗马史名著第 4 次修订版。全书分 10 章,以正文叙事与图片及史料解析专栏穿插的形式,历述公元前 213 年罗马围攻叙拉古至公元 476 年西罗马帝国灭亡之间的重大事件和罗马社会生活风貌变迁。书前有大事年表和地图,书后有概述西罗马帝国后史的一篇后记、一篇专门考证古罗马人左行交通习惯的论文附录、一个全书主要人名、地名、书名、官职名等术语的释义和发音总表。

相比一般同类史著,这部《罗马人》最大的特点是将历史场景和历史事件都尽力归结到个人感受的层面上,给予细节饱满的立体化呈现。通观全书,可以明显看出,作者为此在图片和文献史料的选择、解读上,下了极大功夫。

《丛林故事》
（汉英对照全2册）

[英]吉卜林著　蔡文译
人民文学出版社2014年3月出版

　　面向少儿读者的外国经典作品的双语对照本，近年出版得很多。像《丛林故事》所属的这套"人文双语童书馆"一样，汉语版和英语版分别单出一册的，还不多见。从阅读感觉来讲，这对帮助小读者独立地领略原著和译本各自不同的语体风貌、增强语感，是有益的。当然最好是与此同时这两本书的定价不要高过合印的一本。

　　《丛林故事》的作者拉迪亚德·吉卜林（R. Kipling, 1865—1936），以其1907年获得诺贝尔文学奖的身份，在儿童文学作家中可算"高大上"的一员。《丛林故事》所选的5个故事——"狼孩莫戈里""白海豹""里基-迪基獴""大象图麦""女王陛下的仆人们"，都属吉卜林儿童文学作品中的经典篇目。

　　隔着久远的年代，他当初满怀童趣，为过去时代的孩子们精心营构的那个温暖朴实而又生机蓬勃的世界，仍然能够深深吸引如今的许多小读者。在那个世界里，形形色色的动物密布于丛林、穿行于人间，波折、危机甚至祸患时有显露,但无论如何,就在这些动物当中,至少会有一个勇敢者站出来,为了坚守正义和良心,而不辞艰辛、甘冒风险、勤勉行事,最后它总能得到应得的好报。

《国学与中国人文》

余英时著　广西师范大学出版社 2014 年 6 月出版

《国学与中国人文》这本新书,是 8 年前出齐的 10 卷本《余英时文集》的两卷续集之一,列为文集的第 12 卷。全书收文 17 篇,体例不一,题旨均在书名所示的"国学"和"中国人文"的学术范畴内。除了三四篇短文形式的序言、讲词,别的十几篇都是长文,多为近年作者在海内外学术会议上发言、报告的整理修订版。

其中,《天人之际——中国古代思想的起源试探》一文,长达 10 万字,论篇幅和见解,都堪称全书压卷之作。作为一部学术文集,这本书最突出的亮点正在于它所呈现的知识见解。概列其要,可分三点:一是主要在《"国学"与中国人文研究》《试论中国人文研究的再出发》两文中澄清的"国学"具有自觉谋求汇通中西学术系统的观念起源;二是《综述中国思想史上的四次突破》《近世中国儒教伦理与商人精神》等文所揭示的士商群体及士商伦理兴起于 16 世纪的史实;三是《中国宗教的入世转向》与《天人之际》中梳理出的中国特色思想范畴发生"轴心突破"的具体表现和与此有关的儒释道三家互渗的史实脉络。

此外,《陈寅恪研究的反思和展望》对作者个人治学经历的一个侧面回顾,《关于中日文化交涉史的初步观察》就中日文化交流的历史与现实所做的评估,《台湾人文研究之展望》为台湾人文学术所作的优势分析和发展建言,也都值得有心的读者加以留意。

《清日战争》

宗泽亚著　北京联合出版公司 2014 年 6 月出版

今年是甲午战争爆发 120 周年，有关图书的出版一时趋热。对于这场历时一年七个月、以中国惨败并且对日割地赔款的战事，几代国人无不视之为国耻。近代中国在国际舞台上的屈辱史，也正由此开篇。

君子知耻而后勇，历史的教训应当记取，在态度上无论是依古还是从今，回望甲午战争，对它求得更全面深入的认识，总有极大现实意义。

在近来出版的同类图书中，这本《清日战争》最别具一格之处，是它所依据的材料都来自日本方面，而且这些材料出于日本国会图书馆、国立公文书馆、外务省外交史料馆、防卫省防卫研究所图书馆以及日本各地图书馆所藏的政府、军方和民间图文史料，具有多方参证的可靠性和再研究价值。

全书 570 余页、66 万多字，包括"清日战争""清日战争观""清日战争大事记""清日战争图记""清日战争表记"共 5 章。"清日战争"一章细述战前、战时和战后一系列事端，叙述所及之地从朝鲜到黄海，再到鸭绿江、金州、旅顺、威海卫、辽河平原,以及日本下关,最后到割让后的台湾。"清日战争观"一章分项对比中日两国的军备、兵力、情报、通信、医疗、军纪、战俘处置、科技条件、民情基础、政治背景以及战后反省,资料周详,视野广阔,几乎把影响和决定战争胜败的所有内外因都涵盖齐全了。

读过这一章,我们以往把战败单纯归咎于装备落后、朝政昏聩和庸将不力的认识,会得到很大矫正。同时,对国与国的战争是综合国力和国民素质的全面较量这一点,我们也会有更痛切的体会。

书后的"大事记""图记""表记",均为原始文献分类整理后的精选汇集,直观信息丰富,细节无微不至,既传递出生动的历史现场感,也显露出日本在搜集、处理战争情报及有关数据方面一向严苛之极的完备和精确。

《日常生活的启蒙者》

[德]鲍辛格等著　吴秀杰译
广西师范大学出版社 2014 年 5 月出版

文史哲一家、文史哲相通已是老话。不过，一般都只把这当作概括古代情形的泛泛而谈。具体到当代的文学创作和学术著述的实践中，则少有能够熔文、史、哲于一炉的个案。近年文坛兴起的非虚构写作，显出了一些横跨文学、历史和社会学的气象，但知识和学理的背景、根基，还多不够明晰、深切。在这方面，哲学社会科学领域许多专业在方法转型和话语更新上的成功经验，很值得文学借鉴。

德国图宾根大学教授赫尔曼·鲍辛格（Hermann Bausinger，1926—　）是亲历过二战前后德国社会文化潮流急剧转折的一代。他青年时期出战俘营而进学术界，先以德语、英语文学和历史、民俗学为专业，后在清算纳粹种族主义的新时代，创立了集中于地方日常生活现象研究的"经验文化学"学科和同名研究所，并从 1960 年开始主持、组织这个研究所的教学研究直到 1992 年退休。

这本德文初版于鲍辛格 80 岁那年的《日常生活的启蒙者》，收录他与学生和晚辈同行的 7 篇对话，分别以"路径""传统""不引人注意之事""转折""乡土""跨境""定位"为题,依时序全面回顾和重评了鲍辛格率领同仁开创和发展"经验文化学"的各个历史阶段,尤对其中涉及学术理路和研究方法变化的关键细节探究甚详。书前书后另附一篇序文《以近求远,探幽日常》和一篇跋文《回忆》,分别出自鲍辛格一位学生和鲍辛格本人之手,对鲍辛格的学术人生又做了简练生动的述评和总结。

《威尼斯与阿姆斯特丹：十七世纪城市精英研究》

[英] 彼得·柏克著　刘君译
商务印书馆 2014 年 5 月出版

这本中译本正文不足 200 页的小书，是英国当代著名历史学家彼得·柏克（Peter Burker）在城市社会史比较研究方面的代表作。它的选题"17 世纪的威尼斯与阿姆斯特丹"古色古香，却并非冷门，在欧洲史研究领域属于早被经典化了的热点话题。

丰富的史料积累，历史现场中两座城市多方面的相似性和它们在各自国家乃至当时整个欧洲的特殊影响力，几方面因素结合起来，使得这一话题具备了勾连历史与现实的深层复杂关系的独特价值。这本完成于 1974 年、修改完善于 1993 年的著作，采用微观史研究的人物群像法，精选 563 名历史人物的文献记载，对 17 世纪威尼斯和阿姆斯特丹的精英群体，也即地位、权力和财富居于社会高层的人群，做了全方位、多侧面归纳描述和比较探究。全书 9 章，首章梳理文献、确立方法。其余 8 章，分别针对两城精英的群体结构、政治功能、经济基础、生活方式、教育训练、价值观念、对艺术的赞助以及社会身份的蜕变，展开专题比较。

就描述的细腻、生动程度而言,书中各章多有不输于文学作品的表现。就比较的深切和周全而言,整本书又充分显示出传统史学的谨严法度与新史学的开放思维。

《记忆的风景》

[荷] 杜威·德拉埃斯马著　张朝霞译

北京联合出版公司 2014 年 7 月出版

如果把文学和心理学当作两门学问，那么它们的结缘，似乎得算是个现代事件。在弗洛伊德精神分析的临床医疗和理论研究中，文学创作被解释成了作家人格分裂的曲折表现和早年记忆的补偿形式。而在人格结构和童年经验的有关理论中，狂野的"力比多"，本我、自我和超我的理性阶梯，神秘无边的个体无意识海洋，这些原本并不专门针对文学的概念，也都随着"作家都在做白日梦"的逻辑，开始逐渐深入地渗透到文学领域，对现代进程中的文学创作、接受、阐释和评价产生广泛影响。

但实际上，心理学和文学都只是人类探察和表现自己精神世界的特殊实践方式，而文学和心理学所能触及的，也注定只是精神世界里过去时态的那一小部分。这本出自专业心理学家之手的《记忆的风景》，正是以人过往的精神体验为聚焦点的一部通俗心理学史。全书以 17 章 26 万字的篇幅，梳理了西方心理学家从最初展开人对自己亲身经历的记忆内容和记忆方式的研究，到近年来在"自传体记忆"这一领域进行多方面新开拓的历史全程。

与一般的学术史著不同，这本书所有章节都围绕发现和研究问题的个案事例，向读者做脉络分明的描述性介绍，抽象的学理推究被压缩得极少。"怀旧效应"、"似曾相识感"、"镜像效应"、"时间随年龄增长而加速流逝感"等自传体记忆中的具体现象，以及它们在作家狄更斯、博尔赫斯、纳博科夫、司各特、伍尔夫、乔治·桑、普鲁斯特和学者让·皮亚杰、画家大卫·贝利等人创作中的体现，都得到了细致说明。

通读这本书，可以让我们清楚地认识到：在文学和心理学之间，远不止矗立着弗洛伊德的精神分析学，还绵延着更加生动和丰富的"自传体记忆"研究的浩荡流脉。

《讲学札记》

钱穆口述　叶龙记录整理

北京联合出版公司 2014 年 7 月出版

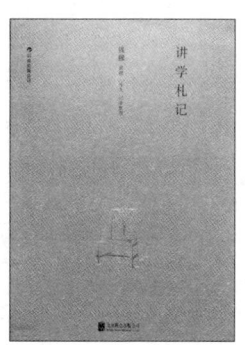

钱穆先生属于为中国传统学术史曲终奏雅的一代人。这代人在知识根基和述学文体上，谨守传统规矩；在精神视野和思想方法上，却颇具时代敏感。钱穆先生在这代人之中，有两点显得最为独特，一是自学成才，二是育有有方。凭自修而成为学者，已属不易。善施教而广育英才，更是难得。两者兼能，实在不寻常。这本《讲学札记》所记述的是钱穆先生为师生涯中最艰辛也最有成就的上世纪 50 年代至 60 年代的一段岁月。

书中上篇，分"思想札记""历史札记"（内含"论史评史""历史考据""农业经济"3 项）"文学札记""为学与做人札记"和"人物点评札记"5 类，归集钱穆先生在他创立的香港新亚书院授课时的引申插叙和题外自白 110 余则，涉及"论语""孟子""诗经""庄子""老子""韩愈文""中国通史""中国经济史""中国思想史"等 10 多种科目。内容皆取自本书整理编写者叶龙当年现场听课的笔记，且大多经钱穆先生过目改订，不少观点细节显见出可与钱穆本人和钱门弟子的系统著述参证、互补的线索。

下篇辑入钱穆、叶龙师生二人的往来书信,每封钱穆书信均附有原件照片和叶龙介绍通信当时人事背景的"案语"。全书另有附录部分,收有叶龙追忆钱穆先生的报刊专题文章6篇。

《北京老照片的故事》

刘鹏编著　中国华侨出版社 2014 年 4 月出版

以城市历史为主题的老照片类图书，自上世纪末兴起至今，在图书市场上已渐从畅销转为长销。但城市历史的图像发掘，还大有余地，相关的生活故事的讲述，也还远未臻于完善。这本以"凝固的历史，刹那的永恒"为副题的《北京老照片的故事》，显然有意在上述两个方面向前更迈进一步。

它在"文化风俗""风景名胜""商家老字号"上中下三辑中，各精选了 20 个左右的专题，每个专题展示一组老照片，或突出画面的历史变迁，或放大专题内容的细节。与成组排列的老照片穿插匹配的，还有长短不一的讲述老照片里的历史故事的专文。北京承载着五朝古都的历史和当代国都的光荣，它的历史每被提及，常陷入环绕着皇城、宫殿和官邸打转不已的话语怪圈。

作为文化中心城市和民生百业荟萃之地的北京形象和北京故事，却常被淡而化之甚至略去不表。这本《北京老照片的故事》里所设的专题，却有意或者无意地对此做了相反的处理，而且在某些别处很少见到的话题上，如"京华印书局""商业资料汇编和居民购货票证"，它都做了比较详实的照片展示和故事讲述。

个别照片的说明文字如能更精确一些，匹配的故事如能更生动一些，这本书的特色和长处就会更为显著。

《小辰光》

Wanze 著　九州出版社 2014 年 3 月出版

　　画图说事的小人书，早在影视挤兑下撤退进了古董收藏的行当。曾几何时还新鲜得惹人质疑的读图时代，如今也在移动互联网持续提速、视频的获取和传播动抬手即得的潮流下，迅速老化成了一个历史概念。值此之际，《小辰光》这种全本彩色的图文书的问世，既显得奢侈，也流露着沧桑。

　　如此奢侈而沧桑的表现，在它的 80 后作者手下，已不是第一次。但《小辰光》也不是谁的续集，它由 80 幅画面和配文都相互独立的篇章组成，这些篇章从前到后，连缀在"无名桥"（上学途经之地）"上学堂""课间休息""多劳动，多运动""放学后""呆家里""放假啦""飞驰啦，少年"这 8 个主题之下，正好把儿时学生生活的全部环节都对应全了。

　　如作者所说，展现在这本书里的，只不过是他自己家乡小镇的童年辰光，这小镇夹在城市和乡村之间，没有高楼也没有高山，没有公园也没有田园，有的仅仅是普通人往昔的普通生活和失落的普通童年。

但从读者的角度看来,幸好这本书里所有画面的场景都是小镇。小镇固然非城非乡,却也有亦城亦乡的一面,小镇生活场景的诸多细节,实际上对从小在城市和乡村生活的人,都有亲切的感染力。

简洁的配文,掩不住作者反顾童年时的愉悦和诙谐。而在文字无法触及也无力呈现的回忆中旧时生活的空间氛围和物件细节上,构图精妙、造型拙朴、配色熨帖的画面却给予了无可替代、淋漓尽致的直观展示。端详着这样的画面,我们不能不承认,能帮我们把握住些把握不住的事体的,除了诗,至少还应该有画。

《巍巍正阳》

郭豹主编　北京燕山出版社 2014 年 6 月出版

在首都北京众多的建筑地标里，正阳门似乎是个另类。它本是城门，位居之处却分明是在市区的腹地要冲。它形制雄伟，却又被近旁更雄伟、也更有名的建筑掩去了不少光彩。长期以来，无论是北京居民，还是各地游客，对正阳门的印象，大多都是熟悉而又陌生、清晰而又模糊。

《巍巍正阳》这部内容丰富、装帧精致的图文书，正可为在我们心目中常像个空洞符号似的正阳门，增添纹脉细密的历史厚度，揭示生动鲜活的文化蕴含。它与今夏正阳门城楼上全新推出的同名历史文化主题展同步问世，也同构匹配。书中主体部分的四个单元——"重钥固京师""国门彰礼仪""沧桑六百年""市井大前门"，糅合了时空经纬双重线索，分别从构筑形貌、实际功用、历史遭逢、社会影响几个方面，对正阳门始建于 15 世纪初期、历经 5 次被毁与重建、最后改建定型于 1915 年的曲折"身世"和"命运"传奇，做了图文并茂、引人入胜的呈现与讲述。

其中，通过征引比较史料中的"样式雷"图样、老照片中的局部构筑造型以及专为新布展所画的各种示意图、复原图和漫画图例，详解正阳门与北京古城楼、城墙建筑体例和具体功能的内容，精微明晰，晓畅透彻，让读者和观众很容易获得一目了然的认知。而从《乾隆南巡图》中精心选录、翻印的"启跸京师"彩色画卷，辅以与画面细致对应的文字说明和局部图幅的详示，横贯二十多个页面，展卷之间，恍如现场观览原图。

全书开篇有主编长文，阐述"面对当代受众，讲好正阳门故事"的创意心得。书后五十多页，收载梳理、研究正阳门今昔状况的文章7篇，作者均为文博专家，材料详备，持论有据，读来更能深化一层对"巍巍正阳"的理解。

《天崩地解——黄宗羲传》

李洁非著　作家出版社 2014 年 7 月出版

从上世纪 80 年代活跃至今的当代文学评论家、新世纪以来用文学叙事和学术研究的双犁深耕明史和现代史的文史学者李洁非，现在又从明清之际的历史地层挥笔开掘，为我们重新描绘和评述了一位学者，一位在生前和身后两个时代、在人格和学术两个方面都享有盛誉的学者——黄宗羲。

像黄宗羲这样早在各个方向上都被摆得很高的历史人物，如今已不需要谁再来给他树碑立传。对这些 VIP 传主的当代叙述，除非有忽然发现的新史料可依托，否则，非得在言与行、人与事、前与后、远与近等多重关系的把握和探究上，扎得更深、更广、更准，才能显出自己存在的必要或应有的新意。在这点上，这本行文风格和篇章形式延续着"明史书系"的古雅和明快的《天崩地解》，很明显地自觉走到了前面。

全书把传主的人生行程分为 11 个专题篇章，除"鲁王""玄烨"等极个别篇章在插叙外，大体上是沿时序顺叙，并且一篇详叙一事。

这恰好使得"讼冤"中的当庭槌杀仇人、"应试"中的屡试不第、"别师"中的目睹恩师绝食而亡、"游侠"中的依循布衣不轨于"正义"之古风、"乞师"中的借兵日本受挫、"窃伏"中的"地下工作"、"梨洲"中的转向治学,以及"汰存""偏见""吕怨"等几篇中的错综纠葛,这些在传主毕生的行状轨迹中如同亮点、拐点或畸零的暗点的特殊经历,都得到了突出。

也正是从与此相关的史料考释和见解阐述中,独属于作者发现的传主黄宗羲身心形象上的一些幽微、繁复之处,被牢牢地聚焦并剖解了开来。

《且借纸遁》

葛兆光著　广西师范大学出版社 2014 年 8 月出版

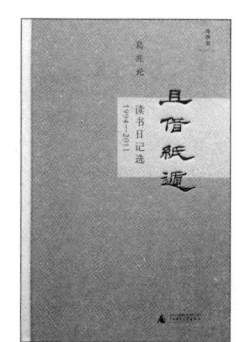

　　这本书是当今以治中国思想史而闻名国际的历史学教授葛兆光先生的读书笔记选集。书中共收笔记约 150 篇，写作时间的起止分别在 1994 年和 2011 年。目录按写作年份引领笔记篇名的形式编列，一年一目。正文以每篇笔记对应之书的作者和书名为题，分篇排印。

　　虽然作者在书前小引中说，这都是他读各种杂书的笔记，但一看实际书目，就明显可知，作者所说的杂书，只是不在他那些年极为精专的研究课题之外的书，不但不是一般意义的杂书或闲书，而且这些书的作者和书本身的内容，都无一例外带着彻头彻尾、地地道道的文史专业性质。

　　其中，有和作者学术出身的古典文献专业关系较近的古籍史料，如《翁同龢日记》《沈增植诗集》等，不过这只占少数。笔记所涉最多的还是海外汉学和外国人文学术方面的专书，日本学者的著作尤为多见，相当一部分还是日文原版书。由此也可从一个侧面看出作者的知识视野。

在国内同辈学者中，作者文笔的清通洗练几乎是首屈一指的。即使论析起艰深复杂的专业问题来，这样的文笔也绝不轻易让读者受累。这不同寻常的习惯，当然也充分地表现在了这些对于作者是借纸而遁、趁机休息，对于一般读者却很可能还是得正襟危坐、严肃钻研的读书笔记里。

《鱼羊野史·第2卷》

高晓松著　湖南文艺出版社2014年8月出版

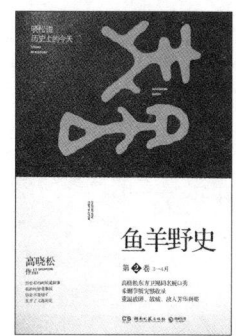

电视和互联网在社会传播环节上有分有合的强力作用，已经使从前一直羞羞答答飘零在暗处、收缩成一团的浅阅读和轻阅读的空间迅猛膨胀，并且壮大到了不容任何人无视的地步。但这个空间其实依然像从前一样，并不是留给那些粗制滥造、低劣空洞的闲杂读物的，它永远只会欢迎和抬举那种真正有趣、有营养、耐得住一读再读的书。这样的书，也才称得上具备了一本闲书或杂书起码的好品质。

已经出到第2卷的《鱼羊野史》，就是这么一本正派、充实、有趣的好闲书。它从一档同名的电视脱口秀节目的文本加工而来，但它顺着月份牌上的日期一天挨一天地讲述"历史上的今天"所发生过的真实事件，这种编排创意在国内实际上可以追溯到20多年前央视新闻联播里的一个小栏目。3月2日："左联与《三闲集》""Yahoo！""数码音乐三十年""主旋律电影《卡萨布兰卡》"。3月6日："元素周期表面世""纪念赛珍珠"。——《鱼羊野史》为每一个哪怕很平常日子，都尽可能地选择和设定了这样一类闪烁着文艺和科学光泽的话题。

而文艺和科学，正是作者本人家庭背景和专业、职业背景的二原色。大概也就因此，他在这些话题之下的描述和议论，貌似散漫，却不失基本的严谨，内容常靠近教科书，却又总能迸发出个性十足的机智和谐趣。

《陈寅恪的学说》

刘梦溪著　生活书店出版有限公司 2014 年 8 月出版

有关陈寅恪先生的传记、评传类图书，已经出了不少，但专门聚焦于他的治学经历和学术成就的传述、阐释性质的著作还不多见。原因之一，大概在于走进陈寅恪先生的学术世界，本身已不容易，走进之后再要对外做深入浅出地说明，就更有难度。

这本《陈寅恪的学说》，汇聚作者反复研读陈寅恪先生学术著述的心得，以原典解读、身世疏证来映照精神思想，着力呈现陈寅恪身为史学家和思想家的独特形象。全书叙述晓畅，论析明快，便于通读、通解，在常流于专深艰涩的"陈学"专书中，堪称不可多得。

书分 8 章。

第一章"学问人生和心路历程"，历述陈寅恪学术人生全程。第二、三章以"工具・材料・观念・方法"和"打通文史"为切入点，结合研究实例，揭示陈寅恪学术思维特质。第四、五章从"中西体用"和"种族与文化"角度，辨析陈寅恪的文化信念和文化态度。第六章"陈氏阐释学"从"了解之同情""比较阐释和心理分析"等六方面，探究、概括陈寅恪处理文献、建构学说的基本策略。第七章"佛典翻译和文体革新"总结陈寅恪在文体学和文论批评上的独到主张。第八章"陈寅恪学说的精神维度"将陈寅恪道德文章的过人光彩，论证、归结为表里相衬的三个层次——"贬斥势利，尊崇气节"，"独立之精神，自由之思想"，"义宁陈氏一族的'优美门风'"。

书后附录"陈寅恪的学说为何有力量"取自作者演讲，对全书主旨和理路，又有通脱、恳切的重申，也值得一读。

《中国古代文化常识》

王力主编　马汉麟等执笔

北京联合出版公司 2014 年 8 月出版

这本书源自 20 世纪王力先生主编的《古代汉语》教材，原为书中两个单元的通论，旨在介绍上古以来历代器物、制度、习俗等方面起源、沿革的常识。参与书稿的撰写和审校的文史专家，均为一时之选。最近出的这一版，是该书的插图修订第四版，图片和正文都依据新的考古研究成果，做了全面的增补和修正，内容更加丰富、可靠、严谨。

全书包括"天文""历法""乐律""地理""职官""科举""姓名""礼俗""宗法""宫室""车马""饮食""衣饰""什物"，共 14 章，配有插图百余幅。每幅插图都附有确切的注文说明，有些插图注文长达数段，甚至一两页。通读全书，如同穿行在博物馆的陈列厅，一边比照着文字说明，观赏细节毕现的实物图像，一边随着篇章分隔出的知识单元，感受系统的专题知识。

与一般类似的读物截然不同的是，这本书的正文和图注，字字句句都写得非常精心，不仅很讲求专业知识表述的准确和分寸，而且特别体现出一种既通俗、洗练，又富有个性神采的生动风格。行文间，对各种史料文献和学术观点收放自如的旁征博引和透彻明辨，随处可见，时时显示出传递知识的语言形态并不亚于知识本身的那份魅力。

《内外之间：
屏风意义的唐宋转型》

李溪著　北京大学出版社 2014 年 7 月出版

与空间相关的种种说法，在近年的文化、文学理论圈里日益流行开来。一些艺术家和作家在具体的创作构思中，也似乎受到了影响，时有刻意凸显某种空间感觉的努力。但在艺术史和日常生活史的实际中，空间究竟有如何表现，这表现又如何渗透在时间当中，与个人和社会心理的流变形成如何的关联，却还少有能够落实到具体一事一物的详尽考察。

《内外之间》这本书所梳理、研究的屏风，正是一件在悠远的历史维度上积聚了丰厚文化意义的空间标识物。它属于家具，却又在家具中流落边缘。它常带图案、造型装饰，却又经不住像别的艺术品那样被长久珍藏。依书中考证，屏风的历史出身古老而威严。

早在周礼中，屏风从图饰、形制到实用，就都有象征神权、王权的意义。屏风所在，即权力所在；权力所在，也即公共空间所在。随历史推移，屏风的形式和意义，一路下行，趋于多样。与书中第三、四、五章对应的书名副题中的关键词"唐宋转型"，正是指隋唐五代至南宋这一时期，屏风的变异，终于发展到了彻底背离其历史出身的节点，分化出了隐喻个人形而上精神空间的"文人屏"和承载形而下世俗实用功能的日用屏等流脉。

其中，白居易庐山草堂的素屏，作为"文人屏"确立的"典范"，得到了周详细密的评析。第六章是全书最后一章，探讨屏风与女性空间、性别伦理的关联，或因篇幅所限，并未深究，留下的话题却意味深长，在屏风撤退或变形之后的时代仍需面对。

《特权：哈佛与统治阶层的教育》

[美]多赛特著　珍栎译
生活·读书·新知三联书店2014年5月出版

据书中简介，这本书的作者是《纽约时报》有史以来最年轻的评论版专栏作家。他1979年出生，1998年至2002年就读于哈佛大学。从书名看，《特权》这本书很像是一本发表评论的书，但实际上，它全部的9章内容，总体上都是作者对自己四年大学校园生活的回忆性叙述。而且，这种叙述采用了最平常的方式，按着时间先后，从一年级入学第一天开始，一直写到毕业离校那天。除了出于护人隐私的考虑，对自己同学的名字做了改动，全书所述应该可以当作跨世纪前后那四年哈佛大学校史的一份个人化的纪实见证。

译者根据新闻史料为书中许多细节添加了信息详实的脚注，佐证了书中涉及的哈佛校方和某些老师的奇闻趣事甚至不雅事迹，都并非虚构。书中这些细节比比皆是的自然流露，表明作者写这本书，既不像是要炫耀自己名校出身或为母校唱赞歌，也不像是要存心揭母校的黑幕，倒更像是为了展现自己确实是对母校知根知底的正宗哈佛人。

就在这种没把自己当外人的立场上，哈佛当年一度大力推行的在招生和宿舍分配等管理环节上促进学生构成多样化的措施,在作者不著臧否、看似一味如实道来,实际上却是满含反讽的叙事中,被讲成了一个事与愿违的笑话。而在"古老的男孩俱乐部""苏珊娜·帕美的奇异生涯"等故事的讲述中,则显现出了哈佛校园文化里矫情、虚伪和扭曲的一面。"求知的门径""爱情故事"等篇章,把哈佛的课程教学和校园恋爱,完全祛除了"超凡魅力",还原到了和任何一所大学同等散漫的地步。

正是由这些给哈佛褪去光环和油彩的叙述做支撑,贯穿全书的一个观点——哈佛这样的大学是以巩固美国社会统治阶层的特权为本质的,才得到了格外显著的反衬和强化。

《大师与经典》

阎晶明主编　安徽文艺出版社 2014 年 10 月出版

荟萃《文艺报·世界文坛和外国文艺专刊》历年精品篇章而编成的"新力量书丛",一套 6 册,内容横跨文学和艺术,景深贯通当下与传统,合观起来,几乎形成一幅刷新版的外国文学艺术纵横流变的动态全景图。

其中,《大师与经典》这一册,或许最能让读者感觉到切近的人格温暖。因为这一册所选的文章,绝大部分都聚焦于展现、论析作家或理论批评家个人的文学际遇。全书收文 60 篇,登场亮相者包括海明威、艾略特、惠特曼、庞德、厄普代克、艾布拉姆斯、霍桑、米勒、卡佛、狄更斯、奥威尔、伍尔夫、王尔德、戈尔丁、雨果、都德、波伏娃、普鲁斯特、阿伦特、黑塞、格拉斯、卡夫卡、门罗、樋口一叶、江户川乱步、乔伊斯、陀思妥耶夫斯基、曼杰什坦姆、库切、纪伯伦、略萨等近 20 个国家和地区的 50 余位文学名家。

此外,对美国诗坛新近的文学标准之争、法国新小说派的来路和动向、俄罗斯社会主义现实主义文学现状、当代巴勒斯坦的抵抗文学、东欧文学的历史反思等现象、潮流和问题，书中也有专文介绍。尽管书中所述，不乏某些早经反复言说而趋于刻板化的人物和话题，众作者的知识兴趣和行文风格也多有差异，但各篇章都紧扣各位文学大师重要作品的诞生背景和文学生涯的关键转折，作出明快精当的描述和富有新意的探讨，这却又使全书分明显露出从同一报纸专刊脱胎而来的整体特色。

《波斯札记》

穆宏燕著　河南大学出版社 2014 年 6 月出版

在中国文学和文化的"他者"世界中,波斯给我们的感觉既亲密而又神秘。通读这本文笔行云流水、内容妙趣横生的随笔集,更能加强这种奇异的感觉。作者是专攻波斯语文学研究二十多年的学者,但在这本札记体的学术随笔中,她的表述、取材和立意,都充分照顾了普通读者非专业的认知基础和阅读习惯。

如全书第一篇《小昭的哀怨》,从金庸《倚天屠龙记》中有关明教的情节谈起,追溯了波斯摩尼教的历史流变和传入中国的始末经过。继之一篇《迷惘的"卐"》,从人们日常意识中对佛教吉祥护符和纳粹党徽的误解谈起,明辨了"卐"和"卍"的同源关系,并由此引出了奉"卐"为符咒的古雅利安人的曲折演化史:先是分别在公元前 2500 年和 1500 年左右,经历两度大规模的迁移、分化,发展出日尔曼人、印度雅利安人、伊朗雅利安人三种文明,后来在公元 651 年,伊朗雅利安人又被阿拉伯人征服,而汇入伊斯兰世界,结果使伊朗成为迄今唯一拥有两套文化传统的国家,一是琐罗亚斯德教的根基,二是伊斯兰教的血脉。

再如《侵略者为何千古流芳？》一篇，对本为外入侵者的马其顿人亚历山大如何被转化为伊朗历史上的一代明君，从文史参证的角度，做了要言不烦的清晰梳理。《佛从伊朗来》《藏红花的奇异旅程》等其他不少篇目，也都很能增益和纠正我们一般读者的常识。

而《波斯细密画与〈我的名字叫红〉》等有关文学的几篇，虽在全书 30 余篇中仅占少数，但勾连艺术与文学、当代与传统，视野深广，见解新奇，很值得文学界的有心读者多加关注。

《明清之际士大夫研究》

赵园著　北京大学出版社 2014 年 6 月出版

这部捧在手里沉甸甸的、460 多页厚的大部头书,不仅是作者个人的学术代表作,而且也是近十多年来文化史和思想史研究方面有数的厚重之作。这次重装新版,距它初次出版已有 15 年。但再次展卷,仍然会觉得它鲜明标举的一系列思想主题,以及环绕这些主题展开的史实深描和情理推演,还在尖锐地针对着现实、紧密地关联着人心。

明清易代之际士大夫群体的心态和生态,之所以成为吸引本以现代文学研究为业的作者一探究竟的一个紧要课题,按全书第一章第一节所述,史籍所载的王夫之对世风中的"戾气"和士人习气中的"躁竞""气矜""气激"之弊的反复批评,是直接触因。对这一触因的全面探源、多方求证和深入到学理层面的审视、省思,也就成为全书的逻辑框架支撑。

上编 4 章,首章以"戾气""生死""节义""用独"为关键词,归结有关言论和现象之间的联系、纠结和变异;次章从"南北""世族""流品"这几个传统话域范畴切入,梳理明清之际士人言论现象;第三章专论"建文事件",第四章探讨"言路"和"清议"对士人心态的影响。下编4章,主题为明遗民研究,概述之下,从生存方式、世代推移、遗民学术几个侧面,对士人精神坚守的内外情态做了立体的勾画、揭示。

《明治维新的国度》

宗泽亚著　北京联合出版公司 2014 年 10 月出版

甲午年即将过去，出版界和读书界的日本题材热，还远未消退。570 多页的《明治维新的国度》，用丰富的图文史料，接近于面面俱到的宏阔体例，对日本近现代历史进程中最重要的一页明治时期（1868—1912），进行全方位的文献探勘和现场重建。无论是从历史变迁的逻辑看，还是从深化认识的现实需要看，这本书都很有助于对我们民族 120 年前的甲午之殇，进行推因溯果、触及根本的严肃思考。

和作者此前出版的《清日战争》一书相似，这本书最突出的特点是对历史图文资料和统计数据呈现详切、归纳细致，并且搜求范围宽广。全书共 28 章，依次设题为"幕末之国""明治政治""明治天皇""日清战争""日俄战争""日清关系""日俄关系""日朝关系""国家纠结""民权反战""国民教育""富国强兵""殖产兴业""交通运输""通信事业""科技振兴""报刊媒体""城市建设""贫困世相""脱亚入欧""职业群像""民俗民风""少数民族""明治女性""性的文化""明治灾害""岛国清人""明治名人"。

与以往同类书籍相比，这本书的独到之处有三点，一是强调了江户幕末时期社会变化对明治维新的奠基作用；二是个人施政风格和国体、政体关系阐明了明治政治的特殊性；三是在重视"国民教育"的制度改革和"脱亚入欧"的思想影响的同时，更着力于从史料中挖掘和建构国民观念、社会风俗、实业发展和对外战争这几方面交相促变、虚实相应的密切关联。

《中国神话传说》（简明版）

袁珂著　北京联合出版公司 2015 年 2 月出版

神话古已有之。"神话"一名成为文化概念，整理和研究神话成为一门学问，却始自中外文化全面汇流的近代。在中国神话研究的学人谱系中，袁珂先生不仅以长达半个多世纪的执着坚守和异常丰硕的学术成果而著称，而且在坚持神话具有文学属性的观念立场上，也堪称一方面的代表。

这本简明版的《中国神话传说》，和与它同名的完整版一样，都是突出体现中国神话的文学光彩和文学魅力的厚重之作。尽管是简明版，全书仍包含了简介中国神话理论常识的七章导论、细述情节并详解其渊源的 132 个专题的神话故事。许多专题下讲到的神话故事，还不止一个。简明版与完整版所不同的，是删去了所有的注释，减少、调整了一些篇章，为神话故事部分添加了醒目的小标题，更便于神话学专业以外的读者轻松阅读。

一卷在手，沉埋、游散于文言典籍和乡野口传的远古神祇和传奇英雄，从质朴洗练而又生动明快的白话讲述中，纷纷复活。其间错综复杂的种种名目歧异和内在关联，也被归置得井井有条。

《文学史微观察》

李洁非著　生活·读书·新知三联书店
2014年8月出版

文学史离不开作家论和作品选，但不等于作家论与作品选的相加。用《文学史微观察》作者自序里的话说，对于"一代之文学"的考察，不能到评价作家作品为止，还应当发掘"时代悄无声息氤氲于文学而赋予它的特质"。自觉自愿的投名状、托名公意的表彰册，最多只能作为一份原材料，去折射或印证文学时代特质的某一点滴。

那些环绕、浸润着包括作家作品及有关其评价在内的各种具体文学现象，并且促动它们发生变化的社会因素和社会力量，才是文学的时代特质真正的积聚之处。它们交互于文本表里、穿插于文坛内外，纵横跨越社会生活领域的多重行业疆界。其作用的机制和效应，既是综合的也是具体的，既是宏观的也是微观的。对它们的把握，单一的视角和方法无济于事。

对此，《文学史微观察》的处理既有些类似辞典编纂和档案分析，又有些类似针对关键词的知识考古。"收入""宗派""口号""会议""斗争""批示"，书中标举的这6个篇名，恰好紧扣着贯穿现当代中国文学史的 6 条经脉。同是在归集史料、叙述史实、提炼史识的三重话语的变奏中,"收入""宗派""斗争"三篇更多着力于对既有史料、史实做合并同类项、凸显共通性的典型化约;而"口号""会议""批示"三篇,则更多地体现出了以史识激发史料、史实新意的力度和深度。

《当代文学批评》

[美] 文森特・里奇著　王顺珠等译
北京大学出版社 2014 年 7 月出版

　　一浪赶一浪的西方文论的引进热潮，已从文坛前沿消退十余年。对外来文论的融会贯通和为我所用的消化、重构，却还远未到位。在这一点上，国外有识之士的相关著作同样具有参考镜鉴价值。文森特・里奇（Vincent B. Leitch）是活跃在美国当代文坛的一位视野广阔而又勤于著述的理论家。他所著的《20 世纪 30 至 80 年代的美国文学批评》和主编的《诺顿理论与批评文选》，在欧美文论界广受瞩目。

　　这本以"里奇文论精选"为副题的《当代文学批评》，收录了作者评析 20 世纪后半叶以来西方文坛重要理论家和理论现象的 15 篇论文。每三篇论文合为一辑，各辑主题依次为"后现代性与历史学""批评性阅读""当下诗论与文学""解构主义批评""文学理论与文化研究"。

　　其中，第一辑打头一篇《后现代文化：矛盾的弗雷德里克・詹姆逊》对詹姆逊批评实践的取向变迁和思想语境的梳理；第二辑《"阅读"文本》《读者反应批评》《应用理论：世俗阅读》三篇，对交叠在马克思主义、现象学、符号学、结构主义、后结构主义和接受美学等多重理念背景中的西方当下文学文本解读的实践，所作的深入剖析；第三辑《英美与法国女性主义的团结与分歧》《当代晚期美国诗歌》《诗论多元化》提供的欧美文论潮流动向的细节信息；第四辑针对解构主义的主体空白伦理与德里达的"主权政治学"的阐释和批判，以及第四辑里介绍的文学理论和文化研究学科在美欧高校体制下所面临的现实问题，都很值得我们留意。

《古典社会学理论》

[美]瑞泽尔著　王建民译
世界图书出版公司2014年11月出版

依照"文史哲不分家"的老话，文学是历史和哲学的近邻。但在近现代的社会和学术场景中，学科成型的历史只有两个多世纪的社会学，和文学的关联明显要比历史和哲学来得更紧密。特别是随着小说在文坛内外的地位和影响迅猛提高，新兴的社会学家和刚刚升格成文学创作主力军的小说家，几乎是以并驾齐驱之势，一跃而变身为整个人类社会的诊疗师。

二者的区别，只在于社会学的诊疗主要靠科学和理性，小说家的诊疗则主要诉诸精神和感性。与此相应，对于奉这种小说为尊的近现代文学创作的全新的理解、阐释和评价方法，也渐渐发展壮大为一个专门的交叉学科——文学社会学。就这个意义而言，以文学创作或文学批评为业的人，实在很有必要了解和掌握一些经典的社会学知识。

这本内容丰厚、编排得体的《古典社会学理论》，经历了20余年教学和研究的实践考验，至今已完善、修订到第6版，在全世界已有十几个语种的译本刊行。中文书名里的"古典"，对应的英语原文也有"经典"的词义。

全书共17章，前两章为导论，分国别概述社会学理论的历史进程。随后15章，循着社会学两百年来的演进脉络，分别展示阿列克西·托克维尔、奥古斯特·孔德、赫伯特·斯宾塞、卡尔·马克思、埃米尔·涂尔干、马克斯·韦伯、格奥尔格·齐美尔、杜波依斯、索尔斯坦·凡勃伦、约瑟夫·熊彼特、卡尔·曼海姆、乔治·赫伯特·米德、阿尔弗雷德·舒茨、塔尔科特·帕森斯一共14位社会学家和1830—1930年间早期女性社会学家群体的理论建树。各章都配有行文精当、细节灵动的学者小传与清晰传神的照片或图像。

《群氓之族》

[美]哈罗德·伊罗生著　邓伯宸译

广西师范大学出版社 2015 年 1 月出版

本书作者伊罗生,在中国现代文坛的人物画廊里,是个熟面孔。拍摄于 1933 年 2 月上海莫里爱路宋庆龄住宅门前台阶处的一帧七人合影里,就有他站在宋庆龄和林语堂之间、蔡元培和鲁迅背后,侧身低头微微含笑的形象。

当时伊罗生才 23 岁,已从哥伦比亚大学新闻学院毕业三年,在中国也已工作、生活了三年。1931 年为报道长江洪泛的灾情,他曾从上海一路溯江而上,深入采访到川西藏区一带。1932 年,他受中共地下党组织的资助,创办了揭露反动统治和支持左翼文学的进步刊物《中国论坛》。同年末他还参加了宋庆龄和蔡元培等发起成立的中国民权保障同盟,次年初又与鲁迅等人一道被选为该同盟上海分会的执行委员。1934 年他约请鲁迅、茅盾帮助,编译了在鲁迅杂文、书信中多次被提及的中国现代短篇小说选《草鞋脚》。

时隔 40 年之后,从朝气蓬勃的青年记者成长、转型为稳沉持重的政治学教授的伊罗生,写出了这本《群氓之族》。书名原义"部落的偶像",和副题所示的"群体认同与政治变迁",合起来,恰好可以概括全书内容和思路的主线:即使是在物质和精神文明的表象看起来日益发达的近现代世界,由群体认同造成的意识隔阂和价值差异,仍然一如既往地贯穿并且频仍不断地驱动着不同国家和地区、不同制度和文化条件下形形色色的严重社会冲突。书中丰富的史料和时事素材、畅达的理论和思想推演,既延展出一部族群纷争连绵不息的黑色世界史,更迸发出一种审视脆弱人性和阴暗现实的勇气与智慧。

《我是怎样拍电影的》

[日] 山田洋次著　蒋晓松、张海明译
北京联合出版公司 2015 年 3 月出版

在日本享有"国民导演"之誉的山田洋次，在中国也同样以平民生活气息浓郁的一系列影片佳作，而广为人知。20 世纪 80 年代《幸福的黄手帕》《远山的呼唤》在银幕上的热映，20 世纪 90 年代《寅次郎的故事》系列片在央视电影频道的热播，显示了山田洋次的导演艺术跨越国界和时代的深切感染力。

《我是怎样拍电影的》这本书，是 1977 年作者在拍摄完成两部《寅次郎的故事》和《幸福的黄手帕》，并且执导了歌剧《卡门》之余，利用繁忙工作后的间隙，应出版社朋友的催促和安排，以口述实录再加本人修改的方式，很不容易完成的。到目前为止，这好像也是作者仅有的一部专述自己导演工作心得的著作。

全书共 14 章，归为"我和电影""素材与剧本""拍摄现场"上中下三篇。上篇包括"走进松竹公司"《寅次郎的故事》的诞生""中学时代的经历""谈谈娱乐电影""落语和浪花节""现实主义的潮流""在'50 元食堂'的体会""对现实的认识与电影""面向本国的电影"等

21节，夹叙夹议地回顾了作者从影的经历和求索自己艺术风格的思想道路。中篇10节，围绕作者本人编剧的《家族》《寅次郎的故事》《幸福的黄手帕》《同胞》《砂之器》等影片和《关山飞渡》《无法松的一生》等国内外经典影片，介绍了作者从事电影编剧和鉴赏电影剧本的独到经验。下篇11节，以《寅次郎的故事》系列影片拍摄为主，展示了作者常年率领剧组在片场辛勤工作的一幕幕生动场景和种种精微别致的人情感触。

  书后附有作者1961—2014年间导演的作品一览表。53年奉献76部影片的记录，默默呈现着如同庶民终年耕作于田间一般的勤劳和光荣。

《东京留学记忆》

李永晶著　广西师范大学出版社 2015 年 1 月出版

从体裁上，《东京留学记忆》可以看成一本散文集。连同自序、后记，全书共 31 篇文章。从写法和内容上看，书中各文却迥异于一般记叙、抒情的散文。在辞章细节和谋篇设意均不乏文采的格局中，展现得更清楚的，是身为社会学研究者的作者面对当代日本人文生态的深切体察和理性感悟。而这样的体察和感悟，主要都来自作者 1998 年至 2009 年留学日本十余年的点滴亲身经验，极少有假借或辗转于文献资料和舆论报道的印迹。

书前半部分的《梅田小姐》《黑田校长》《佐藤先生》《君子动口》《警察物语》《邻人》《女教授》《店员》等篇，撷取往事片断，聚焦人情世态，解析国民精神。视角所及，从学院中的师友，扫描到街市上的生人；思绪所之，从日本"迷惑文化"正面的克己自律，深究出负面的冷漠助恶。书后半部分的《食品安全事件》《民告官》《首相列传》《居酒屋纪事》《青春十八》等篇，回顾社会见闻，感触政经热点，揭示出日本文化幽微一角的历史脉络和当代风习。

《耶鲁大学公开课：政治哲学》

[美]史蒂芬·B.斯密什著　贺晴川译

北京联合出版公司2015年3月出版

这本书的篇章结构，俨然显出史著的气派。它讲述的话题，从古希腊索福克勒斯的悲剧《安提戈涅》开始，紧接着柏拉图的《苏格拉底的申辩》《克力同》《理想国》和亚里士多德的《政治学》，再继之以《圣经》的《创世纪》和《撒母耳记》，然后是马基雅维利的《君主论》《李维史论》、霍布斯的《利维坦》、洛克的《政府论》、卢梭的《论人与人之间不平等的起因和基础》、托克维尔的《论美国的民主》，最后一章，落足于综合上列各部著作并联系更多相关观点基础上展开的专题综论"捍卫爱国主义"。

但实际上，述史并非这本书的宗旨。相反，这些在历史的标尺上由远及近地排列起来的著作，在这本书中，是作为针对政治哲学领域少数"永恒的问题"的阐释模式和解决方案，而被提及和讲述的。依作者所坚持的立场，"政治哲学研究中没有永恒的答案，只有永恒的问题。"换句话说，这里的一切答案都会具有永恒的相对有效性。正因此，经典必定常读常新。

相比以往用类似乾嘉学派的考据手法，把这些西方经典解析得貌似透彻细致、实则支离破碎的某些著作，这本书最大的特点，就是它用当代人类社会的政治问题意识，引领了所有篇章、段落里关于经典的新思考和新发现。从讲课实录脱胎而来的原著语言和思路上的流畅、绵密、生动，经译者精心的处置，在中文版中得到了效果上佳的保留，这更是中文版读者的幸运。

《文学阅读指南》

[英] 特里·伊格尔顿著　范浩译
河南大学出版社 2015 年 5 月出版

正像作者在前言中所说，这本原名为 How to Read Literature 的小书，旨在为一般的读学生，提供几样最基本的文学赏析的工具。传统的文学赏析，无分中外，通常都依托赏析者个人独特的思想情趣和人生经验，对作品进行印象式的点评和感兴式的生发。

与此迥然不同，身为西方马克思主义文论家和政治批评家的作者，在这本书里展示的，是一种着力于跨越文学阅读方式的专业与非专业的疆界、寻求剖析文学作品的普遍原则和一般规律的文学欣赏新姿态。另一方面，这种新的文学赏析方法，也被作者用来证明：对于文学作品的分析，本身也可以是快乐的，理性的辨析并不一定就是感性享受的敌人。

通读全书，简明而又层层深入的篇章架构——从浅显的"开头""人物"到纠结渐增的"叙事""解读""价值"，生动谐谑而又机锋迭现的酣畅讲述，百余位欧美文学名家、几百例西方文学经典文本的炫目亮相和精粹解析，确实能让我们感觉到：作者借这本书想实现的愿望都没有落空。

《我们应有的反思》

葛剑雄著　中信出版社 2015 年 6 月出版

　　52 篇文章、37 个年份，按照编年文集的形式辑录成的这本 560 页的厚书，呈现着作者个人的步履坚实而又不同寻常的学思历程，也折射着科学和教育春天来临之后，整个中国知识分子群体在改革开放的新时代风雨兼程、奋发有为的精神风貌。作为复旦版"三十年集·后而立集"的增订版，这本文集一方面延续了作者治学生涯的年度大事略记与当年刊行的论文或散文代表作紧相匹配的体例，另一方面，纪事和选文的年限突破了 1978—2007 的三十年，一直延伸到了最近的 2014 年。

　　看得出来，尽管书中四十余篇文章都带有鲜明的学术色彩，但作者遴选这些文章时，显然也有刻意从他所精专的历史地理研究角度努力走近非专业读者的用心。而《我的 1978 年》《最忆康桥风雪时》《我到过的南极》《怀念侯仁之先生》等十来篇记述亲身经历的散文，则质朴隽永，宽厚绵密，更能给读者见识上的启迪和情思上的感染。

　　即使在述学、论学的篇章段落里，作者也保持着洗练、通脱的文笔，析理分明，评断利落，与惯于温吞骑墙和故弄玄虚的一派庸常的学者文体截然不同。这样的语态文风，尤其值得年轻一辈的学院派写作者多加学习。

《德国与中国：历史中的相遇》

[德] 顾彬著　李雪涛、张欣编
广西师范大学出版社 2015 年 4 月出版

这本书是顾彬教授就任北外客座教席第一个学期的讲课实录。书名"德国与中国：历史中的相遇"，准确概括了全书的主题。在"东方与西方""巴伐利亚与中国""莱布尼茨与中国""歌德与中国""郭实腊与中国""汉堡与中国""中国的 image""布莱希特与中国""东方主义与中国""格林童话与中国""与中国一起进行哲学思考"这 11 个专题之下，德国与中国始于 16 世纪的悠久交流史，得到了细致入微的梳理。

对于中德关系史上广为人知的莱布尼茨、歌德、郭实腊、布莱希特等历史人物生平行迹和著述遗存中的中国因素，书中给出了实证确凿、视角别致的新阐释。巴伐利亚、汉堡等特定的政治文化区域主动接受中国影响的历史事实，也被开掘得脉络分明、深切详实，足以填补我们的许多知识空白。但这本书的可取之处，还不限于此。在交待纷繁、有趣的史实细节的同时，一条与产自美国的"东方主义"和流行在中国的"西方主义"展开双向辩驳的理路，从容而又坚定地贯穿全书始终。

沿着这条理路，一些跟我们想当然的印象完全对不上茬的过去和现在的实况，明白无误地显露出来。比如：今天德国的土地上，1871年以前是150个小"诸侯国"，其中政治上最具代表性的普鲁士，当时也只是个贫穷小国；16世纪欧洲对中国文化的认识，促进了欧洲的哲学和历史从神学范畴的剥离和独立；美国当代有关"东方主义"的理论批判和清算，从一开始就把矛头对准欧洲，但实际上"东方主义"在欧洲，并没有长期普遍存在于各国的历史条件，仅在几个老牌的殖民宗主国那里，它才找到了早早滋生和久久绵延的温床。

《多元文化时代的比较文学》

[美]查尔斯·伯恩海默编　王柏华、查明建等译
北京大学出版社 2015 年 1 月出版

全套 5 册的"比较文学·当代视野"译丛，或许是迄今可见的唯一一种全面介绍美国比较文学学科发展历程和现实境遇的汉译丛书。《多元文化时代的比较文学》英文原版出版于 1995 年，全书分三个部分。第一部分，收录了美国比较文学学科发展进程中具有历史标志意义的三篇学科标准报告：1965 年的列文报告、1975 年的格林报告、1993 年的伯恩海默报告。第二部分，是三篇针对 1993 年伯恩海默报告的审议和回应文章。第三部分以"各抒己见之论文"为辑名，收录美国各地高校从事比较文学专业教学和研究的 14 位教授所写的 13 篇文章，均为结合各自不同方式的教学实践，从不同角度围绕 1965、1975 和 1993 年三份学科标准报告，展开商榷和批评。

浏览这本教学实践的经验总结和观念争辩远胜于学理和知识推究的文集，每一个从学院体制里领受过文学专业教育的读者，都难免感慨系之。1965 年的列文报告篇幅简短，但对从本科到博士各学历层次的比较文学专业学生以至非专业的比较文学课程的学生，却提出了从

掌握多语种、阅读原文到熟知整个西方文学史上经典作品等多方面的一系列高标准的严格要求。这既是高等教育精英化的一个过往时代具体而微的反映，也是一门知识、一项技能走向学科化之初建章建制务求森严的惯例体现。而1975和1993年两份报告，分别从架构比较文学专业院系的实际运作细节和面对跨学科、泛文化的时代潮流冲击两个角度，持续提出转圜性的规划，谋求调整比较文学学科陈义过高的培养条件和设界过窄的专业范围。

这与其说是原有的学科主体在应时而变，不如说是时代在不断锻造新的学科。从13篇诞生自教学一线的各抒己见之文，更能清楚地看出：任何一种僵硬刻板的学科标准，都不可能被切实遵循，实际的教学方式总有其适用的时效，也总是活跃多姿、因时因地而异的。也许，学科标准的全部意义，就像它在这本文集中的角色一样，只是作为一面靶子，用来引发或维系一场热烈的多元对话。

《写作人生》

[英]戴维·洛奇著 金晓宇译
河南大学出版社2015年5月出版

长期执教伯明翰大学的戴维·洛奇,在中国似乎更以他作为学者和文学批评家的身份而驰名。他的《小说艺术》几乎已成为我们评论界的一本必读参考书。但事实上,在英国文坛,戴维·洛奇还有身为作家的另一面形象。以往五十多年,在理论著述之外,他出版了12部长篇小说。用他自己的话说,在创作领域,他主要是一名小说家。而这本《写作人生》,则显示着一位日渐衰老的小说家从虚构转向纪实、从小说转向随笔的写作姿态。

全书收文13篇。依作者在前言中自述,这都是着力于"表现真人生活"的传记与传记评论等多体裁的混合体,而且文中表现的人物多属以写作为业者。因此,对这些人物生活的表现,也集中贯穿于与他们的作品相关的方面,尤其是有作者亲身介入的那些往事。这也正是这本书书名的主旨。

书中登场的人物中,最多的是以小说创作为主的作家:格雷厄姆·格林、金利斯·艾米斯、缪丽尔·斯帕克、阿伦·贝内特、西蒙·格雷、安东尼·特斯洛普、H.G.米尔斯。从朋友交往忆旧的角度展开的记述和议论，把这些作家创作内外的许多经历和心绪，重新带回了泥沙俱下而又生气淋漓的新鲜态，读来使人深感：无论何时何地，作家和创作的可贵，皆在少伪饰、多真气，而不在矫揉造作、枉自尊大。此外，写理论家特里·伊格尔顿、导演约翰·布尔曼及与作者同系共事的学院派作家马尔科姆·布拉德伯里的三篇，也恳切诚挚，有知人论世之宽厚，无文人相轻之俗气。

《去波斯湾看海》

孟晖著　河南大学出版社 2015 年 5 月出版

学者散文风行文坛二十多年,至今未见有明显消退趋势。溯其源头、观其流脉,引人入胜的稳定看点,一是写旅行,二是讲学问。但这类作品要精彩耐读,关键还得靠把纪行和述学搭配好,不偏不倚,相得益彰。学问讲得太多、太深,作者的学者面目倒是展示得很鲜明,但写成散文未免太跟读者过不去。耽于交代行程、描摹风景,虽然叫人应接不暇,但观赏性终究抵不上画面更生动、细腻的摄影,枉费了文字作品特有的深度表现力。

《去波斯湾看海》的作者素有编辑、创作和学术研究的积累,对优游出入于文学、学术和日常生活多层面多领域的经验别具心得。在这本收文 44 篇、多半篇目直接纪游、其余篇目也多与游历相关的散文集中,质朴明快的叙述和描写、由近及远的联想和思考,达成了不事雕琢的自然匹配。15 万字的篇幅里,意大利的锡耶纳,肯尼亚的拉穆岛,阿联酋的迪拜,伊朗的德黑兰,葡萄牙的里斯本、科英布拉、布拉加和波尔图,一处处遥远的地方,随着作者的行踪、见闻和随感,联翩而至，各自展露出它们赏心悦目而又耐人寻味的一角。

或是语言，或是美食，或是服饰，或是大学城和街景风貌，作者为我们选取的视角，既顺应着一般游客初访异地的惯常感受，又连接着她能够如数家珍、娓娓而谈的学识领域。其他几篇有关大阪、香港、巴黎、曼谷等地特殊风物，糅合了作者的亲历亲闻和从阅读中所得的感触体悟，也同样化专深为家常，如盐入水，把学理思索溶解到了平易的漫谈中。

《丝绸之路新史》

[美] 芮乐伟·韩森著　张湛译
北京联合出版公司2015年9月出版

在举世瞩目"一带一路"跨国合作建设战略的当前，历史上的丝绸之路也成为舆论界和读书界的热门聚焦点。耶鲁大学历史系教授芮乐伟·韩森所著的这部《丝绸之路新史》，史料丰富，行文洗练，密布对一般读者来说充满新意的奇异发现，同时还穿插匹配了大量专业化的遗址、文物图片和数据精确的表格、地图，在同类新书中，堪称上乘，尤其值得有心人细读。

在首先使用"丝绸之路"一词的德国地理学家费迪南·冯·李希霍芬的地图集中，"丝绸之路"被描绘成一条连通中国与欧洲的接近于笔直的大道。对此，韩森教授在书中做了两方面的考订和澄清，一方面在史实中，存在着不止一条比"丝绸之路"这个名词古老得多的中欧之间的商路，它们并非直线，也不叫"丝绸之路"，而是以途中的重要都市撒马尔罕或其他城市为名；另一方面，在中欧之间的这条古商道上，受制于沿线各地的政治、军事活动的人员往来和货物贸易，远远超过了有目的、有计划的主动商业贸易。反过来说，这条商路的兴衰存废，主要取决于沿途各地的政治军事行为和人民生存状态，而非商业需求本身，因而这条商道又并非商业意义上的通道，而是自然生存意义上的交通线。

全书分 7 章，选取楼兰、龟兹、高昌、撒马尔罕、长安、敦煌藏经洞、于阗等 7 个丝绸之路东段的关键地点，分别讲述其在欧亚交流史、特别是近两百间发现的史料、遗址和文献信息可以证实的历史中的具体变迁细节。许多围绕史证个案的分析解读，细致生动，有讲故事似的趣味。

这部著作的汉译者，是正在哈佛大学攻读伊朗学的中国年轻学者，他在精细的译注和附录的古今地名对照表中，对原著不少细节做了订正和补充，体现了可贵的、实事求是的学术对话精神。

《索尔·贝娄访谈录：在我离去之前，结清我的账目》

[罗] 诺曼·马内阿著　邵文实译
中信出版公司 2015 年 7 月出版

这本装帧精致的访谈录，原著出自旅美罗马尼亚作家诺曼·马内阿。他被认为是罗马尼亚作家中作品在世界上被翻译得最多的一位。1999 年 12 月 22—23 日，受"文字与图像：耶路撒冷文学计划"支持，马内阿在波士顿大学对索尔·贝娄做了 6 小时的专题访谈，从而整理成了这本书。

书名中"在我离去之前，结清我的账目"一语，来自访谈第二部分"在写作中，我的工作是做我自己"，在回应马内阿关于如何看待自己的写作和想象这一问题时，贝娄概括了一个判断——"我的工作是做我自己"，也许是觉得这话过于高调了，所以紧接着贝娄补了一句，这不过是为了在离去之前结清自己的账目。在全书 8 万字、4 个部分中，第二部分侧重内省，比较抽象，有些类似巴金先生《随想录》某些段落的风格。

但在第一部分"别再像个移民那样行事"的导引下，第二部分的内省显现出了马内阿和贝娄在耶路撒冷文学计划的主题下对谈的特殊思想底色——犹太裔作家的精神寻根之旅。第三部分"唯一的解决之道是快乐地死去"和第四部分"犹太人与其戏谑之间没有前途",在沉重、决绝的标题下,内容却渐趋灵动、活跃起来。从卡夫卡的《变形记》里,看出种族大屠杀;从肯尼迪、卡特、里根到克林顿几任美国总统和法国密特朗、以色列拉宾等政坛人物的为人做派,看出立体的人性;从意第绪语文学、俄语文学到贝娄本人的作品,以及贝娄和马内阿共同的文坛朋友,看出文学世界内外形形色色的世态人情。至此,两位老作家臻于练达通脱的人生情怀和老而弥坚的思想信念,借着访谈录这一特别的文体,获得了恰到好处的展现。

《再见大师》

梁实秋、许倬云等著　岳麓书社 2015 年 6 月出版

"要估定人的伟大，则精神上的大和体格上的大，那法则完全相反。后者距离愈远即愈小，前者却见得愈大。"这是鲁迅在他的杂文名篇《战士和苍蝇》里引述过的叔本华语录。这本《再见大师》呈现的，正是愈远愈见其大的一辈近现代文化先贤的人生行迹和精神形象。

章太炎、梁启超、王国维、陈寅恪、赵元任、苏曼殊、胡适、刘半农、林语堂、傅斯年、罗家伦、朱自清、老舍、沈从文、梁实秋、顾颉刚、张大千、齐白石、董作宾、李济、王云五、蒋廷黻，二十余位活跃在近现代中国学术界、教育界和文坛、艺苑的大师，在他们的弟子、家人、朋友的忆述中，一一重现风采。与一般类似主题的文集常充斥故事演义和传记改写的篇章截然不同，《再见大师》所收的 43 篇长短文章，均选自台湾以"为史家找材料，为文学开生面"而著称的严肃专业刊物《传记文学》。

各文叙述、品析所取的角度和层面，以及笔墨的繁简和文采的浓淡，不尽一致，但内容取材绝大多数都出自作者与传主近距离相处往

还的亲历亲闻。因而,文中多的是生动、真切、实在的细节记忆,少有空泛随俗的溢美和拔高。"大师风度""大师治学""大师事迹"三辑的编排,既精当条理,又同样贯穿着凭事实说话的史家手笔和观人于微、见微知著的阅世眼光。这使得有心的读者从书中收获的,不止有历史信息本身,更有面对和接受历史信息的一种深沉情态。

《古典传统》

[美]吉尔伯特·海厄特著　王晨译
北京联合出版公司 2015 年 10 月出版

《古典传统》是一本沉甸甸的厚书，不过，它厚得很有道理、也很有必要。600 余页的浩繁篇幅，洋洋 80 万字、24 章的宏阔架构，支撑起来、延展开来的，是上起希腊 - 罗马古典文明全面衰落的"黑暗时代"、下至两次世界大战之间的 20 世纪中叶，时间跨度逾 1500 年、空间覆盖到英、法、德、意、美等西方各国的一幅纵深有致的文学史图景。

而最值得关注的，还在于贯穿了这一巨幅长卷式的文学史图景的一条问题主线：希腊 - 罗马古典文明传统，在经历公元后最初几个世纪里的多方面摧毁的过程之中和之后，是如何免于彻底消亡，又如何在艰难的存续中不断地丰富、变异和分化，进而得到复苏的机会，并且益趋深广地播迁、渗透开来，融入了欧美各语种、各民族众多文学文体和艺术流派的重要创作个案。

恰如书名副题"希腊 - 罗马对西方文学的影响"所称，这不仅是一部从影响 - 接受的视野展开的单纯的文学史，更是一个构型独特的、见证希腊-罗马古典传统非凡魅力的文学主题博物馆。它从纵向的历时性传播和横向的跨语际扩散这双重脉络中,全面揭示了古希腊和古罗马传统在整个西方文学版图中深藏不显的种种"基因"谱系和"原型"印记。古英语史诗《贝奥武甫》在情节、场景上对荷马史诗的模仿;中世纪法语诗体传奇从西塞罗、维吉尔、贺拉斯、奥维德等古罗马哲人、诗人作品中的直接取材;但丁《神曲》对亚里士多德伦理、物理学说的观念框架和维吉尔诗作意境构造的借取、化用;蒙田随笔最初源于对伊拉斯谟《箴言集》等时兴文体的因袭,而后者又承接了塞内卡等古罗马哲人的写作体例;以至19世纪以来批判工业文明和当代基督教的一脉诗歌、戏剧和叙事文学潮流,对希腊-罗马古典文明资源的全方位继承和多向度开发。

——所有这些知识细节,虽已随这部著作1949年英文初版的问世,流布了66年,今天从它崭新的中译本中读来,依然散发着旧学新知启人思悟的点点光彩。

《国际关系的文化理论》

[美]理查德·内德·勒博著 陈锴译
上海社会科学院出版社2015年8月出版

当今全球化时代的国际关系,已不单纯是专业的学术课题,更是与社会和个人的生活或远或近地牵连在一起的一层现实背景。从这个意义上讲,这本出自国际政治理论领域知名学者之手的专著,不仅有供研究者阅读参考的学术价值,也有帮助非专业的一般读者对国际关系的历史与现状增进认识和理解的作用。

书名所示的主题"国际关系的文化理论",标举了作者在全书中阐发、建构的用以把握和分析国际关系的新维度和新方法——基于由精神、欲望与理智三种动机的行为目标、行为模式及合作、冲突、风险与等级、秩序等一系列行为效应的阐释。相较于确立在军事、政治、经济、历史这四重维度之上的国际关系理论研究的传统方法,以精神、欲望、理智三种动机的归因探究为基础的"文化理论"维度的国际关系研究,与其说是另辟蹊径,不如说是深掘到了其他四种维度的心理根基底层,着意于为人类历史宏观视野里的大事件、大变局,探明精神动力机制。

循着这一方法，古希腊、中世纪、法国大革命、两次世界大战、冷战以及冷战之后及至 21 世纪初漫长时段里国际舞台上的重大事件，尤其是冲突、战事等极端事件，得到了细密而有新意的梳理、阐释。

《中国的近代性：1840～1919》

王人博著　广西师范大学出版社 2015 年 6 月出版

被称为民族痛史的一部近代史，封存在史册中和标记在物理时间上的长度不过 70 年，积压在社会心理和文化记忆中的沉重感，却几乎超过了一个半世纪以来所有其他的历史段落。这也使重述、重审近代史，逐渐积淀成了一个共通于史学、文学、政治学和社会学等多重疆域的长线热门主题。这本《中国的近代性》，按照作者自谦的话说，是"以前的一本小册子"，"如果现在来写或许会有些不同"。

它无意于在历史学和思想史专著的天地里占一席之地，但它简约而条贯分明的篇章框架——"受损的传统世界""西方的诱惑""求生之道""革命""'五四'思想""历史的意义"，仍然清晰地显示了由远及近细致巡视历史画面的叙述节奏和思考进程。在这之中，一路推展、步步抵近的观念焦点，正是书前代序"中国的近代性"里反复申论的一层意思：

"中国的所有西方意义上的进步之路全都被堵死了。当上层官僚的异议都成为禁忌，中国革命只能越来越向下层民众推移，'下层革命'就成了中国抵抗（西方）的方式。而抵抗，则凸显了中国近代性的特质。""也可以这样说，正是因为无路可走所以必须前行。"

《科学精英：求解斯芬克斯之谜的人们》

《自然辩证法通讯》杂志社编

世界图书出版公司 2015 年 10 月出版

现代社会的成型，得力于科学和人文齐头并进的大发展。但在寻常的知识中，这一过程多被分割成互不相通的两部历史，一部是纯粹的科学知识史，一部是只见政经巨变和战争风云的社会发展通史。之所以如此，一个直接的原因，是科学家这一极特殊而又极重要的人群，被很不应该地忽视了。事实上，杰出的科学家里向来不乏文才和史识兼备的人，人文学者和作家当中，也出过为科学家树碑立传的有心人。远如胡适写丁文江，近如徐迟写陈景润，都影响甚广。当然，这些都还远远不够。科学世界里的人物史，只有专门的科学史家才能写确切、写到位。

《科学精英》这部厚重的文集，展示的就是新时期三十多年来中国的优秀科学史专家们在中外科学家传记研究和创作方面累积的代表性成果。全书汇编了中国科学史和科学文化研究的权威杂志《自然辩证法通讯》自 1979 年创刊至 2014 年底，在人物评传栏目里刊载过的所有 44 篇文章。

在第一编"科学体制化的贡献者"6文中,洪堡、李比希、德拉贝齐、约瑟夫·亨利、密立根、万尼瓦尔·布什依次出场。第二编"丰富多彩的科学生活"和第三编"为理解自然和自我而奋斗",分别介绍了数学家哈代、地质学家魏格纳、天文学家沙普利、物理学家拉比、化学家鲍林、生物学家雅克·莫诺,以及数学家沙勒、科学哲学家恩斯特·马赫、物理学家迪昂、数学家希尔伯特、物理学家薛定谔和狄拉克,共12位科学家的生平和成就。

第四编"艰难时世的跋涉"和第五编"浮士德式的科学家",可能是全书中让人读来感触最沉重、也最复杂的部分。其中最值得细读的几篇,已经把正文里的凝重纠结,提炼、概括到了标题上——《迈尔:能量守恒定律的发现者,一位天才业余科学家的悲惨生涯》《叶企孙:他的贡献与悲剧》《舒布尼可夫:被"清洗"的苏联低温超导物理学家》《海森堡:他的学术和人品》《勒纳德:从科学大师到灵魂出卖者》《斯塔克:浮士德式的科学家》《李森科:"米丘林遗传学派"代表人物、斯大林时代的伪科学家》。

第六编"女性与科学世界",特别聚焦4位女科学家:核物理学家丽丝·迈特纳、遗传学家麦克林托克、物理学家吴健雄、数学家朱丽亚·罗宾逊。此外,对利玛窦、汤若望等中外科学交流使者进行评述的第七编"东西方交汇的激荡",第八编"中国科学家的家国情怀"中对王淦昌、郭永怀等当代科学家赤忱报国事迹的报告,也都颇可一览。

全书679页,内容丰富,编成不易,重印或再版时如能把极个别字眼的明显误排扫除干净,就更趋完美。

《这不可能的艺术：瑞典现代作家群像》

王晔著　广西师范大学出版社 2015 年 6 月出版

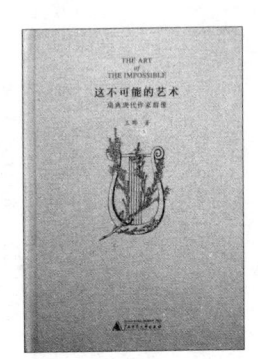

诺贝尔文学奖，让瑞典在世界文学的天地里，带上了一层光环。但这光环，多少也反过来遮蔽了瑞典文学本身的风采。瑞典华人翻译家王晔所写的这本《这不可能的艺术》，以 14 篇行文明快而意绪隽永的作家论，呈现了一幅很难从教科书或学术著作里看到的近距离视野内的瑞典现代文学史图景。

抛开诺奖得主或瑞典学院院士等荣誉头衔，奥古斯特·斯特林堡、塞尔玛·拉格洛夫、古斯塔夫·福楼丁、雅尔玛尔·瑟德尔贝里、帕尔·拉格维斯特、伊迪特·索德格朗、雅尔玛尔·古尔贝里、魏海姆·莫贝里、埃德温·雍松、卡琳·博耶、哈瑞·马丁松、贡纳尔·埃凯洛夫、斯蒂格·达格曼、托马斯·特朗斯特洛莫，这 14 位作家单是凭着他们呈现在书中的人生经历和时代遭逢，就已足够牵连出 19 世纪中叶至今，瑞典特色的文学时空和文学气质迁延流变的一条清晰脉络。

更何况，各篇作家论中，还贯穿着有关各位作家重要作品问世前后的种种跌宕波折的生动描述和针对这些作品内外各层面心理、文化因素的细致品析。于是，荒寒广漠的自然环境、敏感而又内敛的性格气质，以及将由此所致的精神冲突和悲剧意识升腾为文学情调和意象的创作追求，这几方面熔铸成的那种淡然定格并且诚心接受世间一切"不可能"的艺术风范，被凸显得愈加立体和感人。

《乔忠延客体散文》

乔忠延著　山西人民出版社 2015 年 9 月出版

　　这是作者散文作品的一本精选集。书中 36 篇作品，虽未分门别类归成几辑，通读后却能觉出：从开卷的《童话岁月》到《姥姥的舞台》这十来篇，落笔的依托，大抵在客观的场景或物象；从《祖母》到《人间形色》这六篇，忆述所及、倾谈所向，都是真实的人；而《天日》《闲情三题》等其余十多篇，尽管也有以物和人做文题的，笔致文思的走向，基本还是环绕着风土事理。

　　概观之下，这三类作品恰如样本和范例，支撑起的是题为《客体散文：探求散文新常态》的一篇书末跋语。依作者所述，"客体散文也可以说是得体散文"，而所谓"得体"，"是指作家要拥抱生活，贴近、吃透描摹对象，并随着客体质地的不同，不停转换写作手法、写作风格，达到主客观的高度合一"，使作品符合不同客体的"体貌特征和内在精髓"，如同穿衣合体。

　　这种从作者鲜活的文学生活经验里总结出来的主张，一面回响着传统的神韵派诗论和画论中"随物赋形"之说的余音，一面也关切着当前散文领域忙于机械复制而疏于深入省思的普遍症候，值得不甘于随大溜的散文作者和读者给予注意。

《她从聊斋来》

蔡小容著　河南大学出版社 2015 年 11 月出版

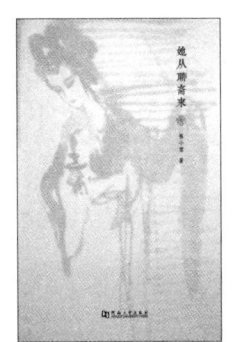

经典作品的生命力，总是通过别有会心的读者才能得到延续。是这样的读者，不断地把他们自己对于比经典作品的文本本身更广阔的文学和人生的体验，带入理解和阐释，让经典增添了一次次重新融入新时代语境的活气和生机。

这本由一组随笔合成的《她从聊斋来》，用轻灵的讲述，给三十多个古老的聊斋故事，灌注的是从聊斋题材的连环画册和影视剧等海内外当代文艺作品里激发出来的一层新旨趣。而这层旨趣的新意，又全都萦绕、铺陈在作者抚今追昔的个人阅读史和观赏史的小叙事之中。

随文穿插的 26 幅真切如初的黑白或彩色连环画幅的插图，更把画说聊斋和看图谈艺的闲情逸致，烘托得氛围十足。印装、用纸和编校的精心，也和作者属文运思的刻意求工，正好匹配贴切、相得益彰。

《耶鲁文学小历史》

[英]约翰·萨瑟兰著　王君译
中信出版社 2016 年 1 月出版

约翰·萨瑟兰（John Sutherland）是伦敦大学学院现代英语文学系的资深教授，拥有长年面向各层次学生讲授文学课程的丰富经验。这册 482 页的《耶鲁文学小历史》中译本，译自 2013 年由耶鲁大学初版的英文原版，体现着作者教学和研究的新风采。

与我们见惯了的文学史教材或著作不同，这部"文学小历史"，既不一头扎在名家名作的解读和评析中，也不刻意去勾画一条溜光水滑、通古及今的文学发展脉络，更没有操持着貌似客观的枯燥概念和繁琐理论，来故弄玄虚多多益善地搬运、堆砌文学现象和作品文本。即使在很容易流于抽象论证的阐释"何谓文学"的开篇一章，和继之而后梳理神话、史诗和悲剧源流的"美妙的开端""为民族而书""人性之悲悯"这三章，围绕简·奥斯汀的小说和古老的《贝奥武甫》，以及亚里士多德的《诗学》这类早被不少高头讲章撕扯成一堆碎纸屑的经典样本，作者展开的讲述，也是饱含明快生动的谈话意趣和精当犀利的崭新洞见。

而从"以英文写就的故事"谈乔叟开始，经"吟游诗人"莎士比亚、"万卷之宗"詹姆士王钦定版圣经、"帝国崛起"道路上诗创作的里程碑人物斯宾塞和弥尔顿，再到为欧洲长篇小说奠基的"小说之星"薄伽丘、拉伯雷、塞万提斯、班扬和阿弗拉·班恩，为女性开拓文学疆土的奥斯汀、勃朗特姐妹、乔治·艾略特和伍尔夫，以至促成儿童文学和新大陆（美洲）文学的兴起的作家群，还有遭逢并且记录世界大战的一代悲情诗人，直至站在现代主义的起点和转折点上的几辈晚近作家、置身多元文化和电子媒介环绕之中的当今新一代作家，西方文学历史场景中的所有这些标志性的人物及其创作，在书中都一一显现出了与特殊的社会条件和时代境遇紧密关联的艺术气质生成和流变的详切谱系。

全书铺展开的宏阔视野和幽微细节，时时处处带给读者一种勘探文学史的新体验：世上本来没有独属于文学的一部历史，所谓文学史，其实是从社会和个人的历史中不断发现、寻找文学的一个认识结果。

《东大爸爸写给我的日本史 2》

[日] 小岛毅著　郭清华译

北京联合出版公司 2016 年 3 月出版

鲁迅在世时，曾感慨中国的日本研究多为逞一时意气的议论，凡较有内容的，大都与日本人自己研究自己的书有关。他的建议是我们平时就应该对外国多加认真研究，不能总等到形势急迫，才拿浮躁的议论来代替研究。读这本《东大爸爸写给我的日本史 2》，当然不等于研究日本，只能算是在关注一位日本学者面对他们本国历史时所坦露的独特思想情怀。但这样的关注，毕竟已经是在察看对方，而非自说自话地议论对方。

这本书的日文原版初版于 2009 年，是此前一年出版的同名书的续集。前一本写了截止于 18 世纪初的日本古代、中世和近世的历史，这本书则接着讲述 18 世纪至今的日本近现代史。据作者自述，他是模仿尼赫鲁《父亲对孩子说世界历史》的体例和风格来写这两本书的。之所以如此，目的在于打破历史教科书把历史事迹归置得四平八稳的局限，以作者素所专长的思想史研究的视角来审视日本近现代史实，从过分逞能的所谓"唯一正确"的历史科学之外，另辟一个有助年轻一代避开黑暗、迎接黎明的精神方向。基于这一点，全书从辨明"日本"国名和"日本意识"并非万古一系流传至今，而是源自7至8世纪当政者对外国的存在产生明确意识这一史实开始着笔。由此，当代日本的民族意识和国家意识，跟日本近现代各历史时期各种性质的社会主体意识的消长迁延和聚散分合，不仅呼应、衔接了起来，而且形成了后果与前因的一脉相承关系。

江户时期武士和商人这两个原本在内部统治结构中上下对立的阶层，在西方侵袭下了完成了自我意识的混合，齐聚为"尊王攘夷"和"倒幕"、进而再引发明治维新的强势社会力量。幕府时期"忠义"伦理的高倡、"文武并行"的教育改革、"武士道"的确立，与明治、大正时代内政的全面变革和对外的侵略殖民，经由诸多关键人事，积淀发展为在当代日本社会仍表现分明的"国民文化"、"国家神道"和"常民"意识。在战后和高速经济增长之后的岁月里，这些文化心理形态的历史遗产，对日本民众和政界看待战争责任、邻国关系和自身传统等问题的态度，起了支配作用，也导致了不少困扰。

通观全书，作者对日本近现代史上凝重一页的冷峻反思和尖锐批判，表现得坚定而深切。这正说明，历史的言说，除了用来激发自豪感，更能用来质疑、警醒和提升自我。

《人歌人哭大旗前》

[日]木山英雄著　赵京华译
北京三联书店 2016 年 1 月出版

这本书的副题"毛泽东时代的旧体诗",指涉着中国当代文学史的一个特殊侧面——曾经一度风行、之前之后也持续存在的旧体诗词的写作。脍炙人口的《毛主席诗词》,就是其中最突出的代表。在以对于中国现代文学的长期研究而享誉的日本学者木山英雄看来,旧体诗的写作不但没有脱离于现实,而且从形式和内容上都承载了丰富的社会历史信息和作者个人的思想感情内涵。

书中所收十余篇论文,分别介绍、诠释了杨宪益、黄苗子、荒芜、启功、郑超麟、李锐、扬帆、潘汉年、毛泽东、柳亚子、胡风、聂绀弩、沈祖棻等十多人的旧体诗词作品。他们身份不一,有翻译家、作家、学者、文艺理论家,也有革命干部和政治家。他们写旧体诗词时的生活际遇,也各式各样。不过,书中论及的多数诗词,依作者在序言中所说,都属"诗人完全丧失了公开表达之阵地后所创作的作品"。在这部分作品问世的当时,它们都是带有隐密话语性质的个人私下心态的记录。就这个意义来看,这本书所探究和展示的,是双重的历史,一重是浮在这些当代人所写的旧体诗词文本表层的时代色彩和社会气息，另一重是选取和构造这些旧体诗词话语的创作心理机制。

在现代白话文体当家作主的当代中国文坛上，纯熟或夹生的、地道的或模拟的文言语体和文体的写作，从未断绝，其缘由、蕴含想必并不简单。因而，像《人歌人哭大旗前》这样严谨、细密地深究当代文言写作的论著，很有必要再多出几本。

《宫崎市定中国史》

[日] 宫崎市定著　焦堃、瞿柘如译
浙江人民出版社 2015 年 11 月出版

毕生致力中国史研究与教学的宫崎市定，在日本被视为内藤湖南、桑原骘藏所开创的京都东洋史学派的重要继承者和发展者。从上世纪60年代，我国学术界就开始注意和译介他的著述。这本《中国史》，是他众多学术代表作中相对通俗的一部。

作者自陈，他是"将这本书的读者当作我的学生，执笔时仿佛给久违的学生授课"。尽管如此，宫崎市定视域深广的治学风采和根植于日、欧双重史学教育背景的丰厚知识素养，在书中还是展现得淋漓尽致。概括起来，尤为特别的，是以下三点：依托世界史的整体格局来把握中国史，赋予社会和政治层面的大变迁以经济、文化维度的系统解释，穿插了一系列中日历史比较分析的独到观点。

从"总论"中设定的将中国史四分为古代（上古至汉代）、中世（三国至五代）、近世（宋至清末）和最近世（民国以来）的宏观框架，到随后具体而微地进行述史和论史的三篇18章，都因这三点的贯通始终，而显出亮点迭现的盎然新意，以至使人很难在意这是一本38年前就已经出版的著作。

《鲁迅 救亡之梦的去向： 从恶魔派诗人论到〈狂人日记〉》

[日] 北冈正子著 李冬木译

生活·读书·新知三联书店 2015 年 11 月出版

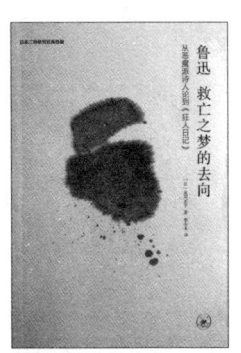

1980 年代初以《摩罗诗力说材源考》称名于中国现代文学研究界的北冈正子，是日本当代长期专攻鲁迅研究的资深学者。当年，她对《摩罗诗力说》素材来源的细密考证，对适值"新时期"的中国文坛学界重新认识鲁迅青年时期文学观念形成、流变的历史情境和知识背景，产生过有力的推动作用。新近译成中文的这本《鲁迅 救亡之梦的去向》，遥隔 33 年，既涵盖、充实了早先有关《摩罗诗力说》材料来源的考辨分析，更展现出了从鲁迅留日时期唯一的这篇专谈文学的论文，沿着时间的轴线和空间的方位，向前、向后和向周边做更深一步开掘的学思路向。

列为本书第一章的"有助于'文艺运动'的德语"，对于鲁迅自仙台返回东京后，连续在籍就读七个学期的独逸语专修学校，进行了详实的史料爬梳和情境还原式的史实推定。鲁迅选择这所学校的可能动因和专修德语的目的，以及通过这所学校当时的课程和教师，可能获得的文学趣味和知识素养上的影响，由此显现出了如沙盘复原般明晰的情理脉络。第二、三两章，分别从考订材源与聚焦"人"和"诗人"的形象及意义这两个角度，将《摩罗诗力说》的文本与蕴含解析，给予了全面的深化和系统化。继之而后的第四章"变成了'狂人'的诗人"和补论"严复《天演论》——鲁迅'人'之概念的一个前提"，对鲁迅思想中"摩罗诗人"的原型向后的艺术演化和前溯的观念起点，从文本细读和互文阐释中展开了严谨论证。全书附录两文，《鲁迅与裴多菲——〈希望〉材源考》持论坚实，《源于鲁迅的相遇——记高恩德博士》洗练温婉，也都非常耐读。

《论德国浪漫派》

陈恕林著　上海社会科学院出版社2016年6月出版

按照和作者从求学到工作一起经历了60年风雨的老同学、老同事张黎在书中前言的介绍,这本三十余万字的《论德国浪漫派》,是作者长期从事德语文学翻译之余,积30年点滴累积、持续磨砺之功,写成的学术毕生作。作为一部当代中国学者在中国学术情境中写成的外国文艺流派的研究专著,它最显著的价值和特色,在于克服了一度长时间流行于我们身边的某种外来学术偏见,坚持用独立面对研究对象、辩证分析相关材料的态度、方法和结论,尽力纠正了那些满足于简单重复或被动因袭外人的轻视甚至歪曲、贬低德国浪漫派的观点和认识。

全书体大思精,点面相映,分"德国浪漫派的渊源与流变""独特的文艺理论""热点难点问题"和"人物研究"四篇,构建起了富有纵深感的阐释场景,宏观上能够纵见历史脉络、横见内部差别,微观上能够深达思想理念、细至术语分歧。对于流派标志人物的研究,没有止于浮面的传记式生平概述,而是注意紧扣人物生活遭逢和精神成长发生曲折、冲突的关键点,予以症候式的剖析和挖掘,鲜明流露出综合运用社会意识形态和精神分析理论的思维印记。

《论因特网》

[美]休伯特·L.德雷福斯著 喻向午、陈硕译

河南大学出版社2016年5月出版

以互联网为主题的理论研究著作,短短几年,已经从零星可见,繁盛到遍野开花。伴随互联网触角无远弗届、无孔不入的全天候、全覆盖式的快速深广伸展,中外不同学科领域的专家们,无论自己的本业所长,与作为技术和行业的互联网有多远,都纷纷赶来,齐聚在互联网的关键词下,各执一端,发言立论。一时间,"互联网+"的话语热潮蔚然而成大观。但在这热潮中,最多的还是流于表面的现象描述和止于贴标签的术语翻新。显然,对于互联网带给我们的多方面影响,要做出精当有力、抓住要害的理论把握,还是一件难事。

加利福尼亚大学伯克利分校的当代哲学教授休伯特·L.德雷福斯所著的这本《论因特网》,篇幅简约,中译本只有11万字,读来并不费时。其思路和内容,却值得深长思之。尤其是对当前有关互联网文化现象的描述、分析和理论研究中普遍存在的"狗咬刺猬无处下嘴"似的窘境,已有所觉察的读者,更能从这本小册子受启获益。

书中把基于互联网技术的虚拟生活体验,归结为从原初生命和传

统人生衍生出去而又超越在外的"第二生命"和"第二人生"。不断更新信息的检索和组织方式的搜索引擎,用"超链接文化"支持了"第二生命"超越肉身局限的第二感知能力。而依赖在线信息和视听讯号形成的"非涉身"人格及其远程联系,特别是在学习行为和教育情境中的体现,更突出地显示了通过虚拟身份来规避伦理、信念和责任的"第二人生"特征。电商、播客、3D 网游和网聊等形式,则进一步扩大、深化了这种疏离现实的无风险、无信责生存的范畴。就这样,崭新的互联网世界,在书中被推移到经典哲学的理念视野内,得到了克尔凯郭尔、尼采、海德格尔、梅洛-庞蒂等前网络时代哲人的思想烛照。

《吉他琴的呜咽：西语文学地图》

张伟劼著　河南大学出版社 2016 年 6 月出版

这本 183 页、10 万字的小书里，铺展着一幅由一位 80 后学者用 23 篇随笔勾勒出西班牙语文学的世界地图。

书中第一辑"西班牙文学经典系列"，包括谈论拉蒙·何塞·森德尔的中篇小说《一个西班牙农民的追思弥撒》及其电影版的《一个国家的悲剧》、评述戴望舒等民国时期中国作家翻译西班牙作家作品情形的《西班牙的孤寂时分》，以及介绍米盖尔·德·乌纳穆诺的小说《殉教者圣曼努埃尔·布埃诺》、加西亚·洛尔卡的《深歌诗集》、奥尔特加·伊·加塞特的论著《大众的反叛》等共 6 篇文章。

第二辑"拉美文学经典系列"，收文 17 篇，对拉美各国文学作品，做了散点式的个案扫描。其中涉及的作品，除了大名鼎鼎的《百年孤独》，还有乌拉圭加莱亚诺的长诗《火的记忆》，秘鲁略萨的小说《公羊的节日》，智利小说伊·阿连德的《幽灵之家》和斯卡尔梅达的《邮差》以及聂鲁达的诗集《二十首情诗和一支绝望的歌》，墨西哥富恩斯特的小说《最明净的地区》和帕斯的散文《孤独的迷宫》，阿根廷小说萨瓦托的《隧道》、吉拉尔德斯的《堂塞贡多·松布拉》和博尔赫斯的《南方》,危地马拉阿斯图里亚斯的小说《总统先生》《玉米人》,古巴何塞·马蒂的散文《我们的美洲》。但最值得注意的,也许还是临近书末处介绍的切·格瓦拉的《玻利维亚日记》,用我们今天熟悉的名词说,它属于非虚构写作,呈现着当时和现在的虚构艺术都无力呈现的现实。

《百年旧痕》

赵珩口述审订　李昶伟录音采写

北京三联书店 2016 年 2 月出版

　　同一座北京城，同一段旧时光，早已因不同情怀、不同视角的书写和讲述，而获得了丰富而又异样的况味。在这之中，最让人感到亲切的，还是那种依托着个人生活的切身体验和亲历亲闻的追忆。它们总是即小见大，在不经意地顺便一提中带出许多鲜活、温润的细节描摹。经这样的细节一穿插叠加，过往的时代气息和社会氛围，顿时就变得生动、立体、切近起来。再古板的老题目，也能焕发出常讲常新的盎然意趣。但要把北京故事讲到这境界，非得生活积累和文化素养兼备不可。

　　出身传统士大夫家庭的赵珩先生新出的这本口述文集《百年旧痕》，正展现了这极难得的境界、积累和素养。全书分 5 辑："京城遗痕"两篇，分别谈北京城墙、城门和社会风貌的变迁；"长安居"5 篇，忆述北京人居住、饮食、穿衣、出行和节令礼俗的传统；"公共视野"4 篇，介绍北京近现代的教育、医院、公园和画坛；"余音绕梁"5 篇，追溯北京剧场建制、戏剧流派的掌故和听戏、赏乐的个人生活史；"新旧更替"6篇,从时尚、社交、文玩收藏业和外来人口等多个侧面的动态演进,对历史纵深中的北京,给予微观与宏观迭现的回顾。娓娓道来的从容恬淡,如数家珍的翔实细腻,阅尽沧桑的通达睿智,贯穿各篇,弥漫全书,仿佛延续着邓云乡先生《燕京乡土记》《文化古城旧事》一脉的精神风致。

就时空聚焦的偏重来看,《百年旧痕》中的"百年"取景框,支撑点、参照点和最清晰的聚焦视野,都放在了1940年代以降的二十来年。这是世纪北京和世纪中国的大转折年代,也恰好是邓云乡等老一辈北京学通人讲述得不多或者未来得及细讲的新时代。因而,对于今天有志于讲好新北京故事的年轻一代写作者,很显然,细读《百年旧痕》这样有实实在在的真材料和真情怀的书,是绕不过去的一课。

《上学记》（增订版）

何兆武口述　文靖执笔

人民文学出版社2016年5月出版

距初次出版10年、修订版问世7年，这本《上学记》新近再出增订版。从篇目上看，增订版相比初版和修订版，只有微调，没有大改。至于具体内容的增订，主要在于对作者个人印象和感受的一些细节确认，这恰如作者在修订版序言中所称："回忆录不是学术著作，也不可以以学术著作视之，读者切不可用所要求于学术著作的，来要求个人回忆录。学术著作要有严格的客观依据，绝不能只根据作者个人的主观印象。而个人回忆录则恰好相反，它所根据的全然是个人主观的印象和感受，否则，就不成其为个人的回忆录了。"

全书三章，分别讲述1921—1939年作者从出生到上大学前的早年生活、1939—1946年作者考入西南联大，先后在土木系、历史系读本科，在哲学系、外文系读研究生的求学经历，以及1946—1950年赴台湾教书、归原籍闲居和回北京进华北人民革命大学学习的见闻遭逢。其中，占了全书一半以上篇幅的第二章，也就是有关西南联大求学的部分，内容最为饱满。战云密布之下，西南边城之中，课堂内外，师生之间,一个远去时代的学院派知识分子群体的音容笑貌和风流神采,尽在讲述者臧否鲜明、快人快语的一席谈中,再现出现场回放式的淋漓生气和画面感染力。

面对这样一本用作者自己的个性光彩照亮和激活历史的书,让人不禁感慨:历史上的人与事,如果只是生硬地记录在纸上,而不能存留在人们活生生的记忆里和传述中,那么即使把纸上的字句写得大些、再大些,又有什么用?

《莎士比亚的动荡世界》

[英] 尼尔·麦克格雷格著　范浩译
河南大学出版社 2016 年 4 月出版

今年是莎士比亚逝世 400 周年。在莎士比亚生前就已开始经典化的莎士比亚的各类作品，又迎来了被广泛重温和演绎的一个大年。出自前大英博物馆馆长和伦敦国家美术馆馆长之手的这本《莎士比亚的动荡世界》，英文初版出版于 2012 年，今年新出中译版，可谓适逢其时。

它表面上最大的特点是图文并茂。120 余幅布满整页甚至双页的全彩色高清照片穿插全书，把 20 章正文所涉及的文物、史籍、遗址和现实场景中的重要器具、地图、书影、插画、人像、剧照、建筑等，展示得纤毫毕现。对这些照片所示的珍稀品，书后还附列有"主要物品目录"，一一注明名称、馆藏地、尺寸和编号等信息，以示文物正品身份。

与这些精心编印的照片具有同等精致的专业水准和欣赏价值的，是依循着这一系列物质形态的历史见证品的 20 章有关莎士比亚所处的时代、社会和创作背景的专题叙述。如第一章"英国走向全球"，从《仲夏夜之梦》《错误的喜剧》《第十二夜》《温莎的风流娘儿们》中提到"环绕地球"和拿着世界地图和全球地形作比喻的台词,牵连、拓展到弗朗西斯·德雷克爵士的环球航行成功,直接促发了伊丽莎白时代的英国人形成现代世界意识的历史事实。又如第五章"比剑炫艺",从发掘于泰晤士南岸河滩上的一柄双刃长剑和一把匕首说起,抽丝剥茧式地复原了制造它们的17世纪初期,也就是莎士比亚在世时代英国城市青年好勇斗狠的暴力文化生态。

要言不烦的译注和精微的辞章细节处理,显露着译者保持原著学术底色和优雅文风的良苦用心,对此,从这本书中受益的读者也理应满怀感谢。

《我们生活的时代》

[美] 入江昭著　王勇萍译
中信出版社 2016 年 2 月出版

美籍日裔学者入江昭（1934—　）以美国与东亚关系史、美国外交史的研究称誉国际学界，曾任哈佛大学历史系主任、美国历史学会会长。这本原以日文初版于 2014 年的《我们生活的时代》，篇幅并不厚重，却代表着他对自己以往治学取向的全盘审视与批判性的新思考。

如作者在自序里所述，展现在本书中的思考，缘起于反思一战爆发 100 周年的一次学术会议，简言之，就是面对纷繁复杂的新时代，如何重新认识我们观念和经验中已趋凝固的历史的"现代"起点？为此，书中展开了以"怎样看待历史""摇曳的国家""非国家性存在的抬头""传统的'国际关系'已荡然无存""普适性'人类'的发现""环球性结合的不可逆趋势"为主题的 6 章史实梳理与观念分析。二战后的世界史，因此被理解成全球化和冷战两种趋势并存角力的过程。

以 20 世纪 70 年代为转变期，从欧洲到东亚，再到拉美和东南亚，摆脱冷战牵掣、超越单纯美国化和欧洲近代化的全球化潮流渐成主导。

进入20世纪90年代,迎接世界全球化和跨国世界的到来,已发展为国际社会共识。基于此,20世纪的最后二十多年,被作者认定为"现代"世界真正的开幕阶段。在这样的"现代"世界,历史不再是一国为中心的历史,而是全人类的共同记忆,现实的追求也不再拘于以国为单位的国家利益,而是扩大为全球整个人类的生存、利益和福祉。

《启蒙：一个欧洲项目》

[德] 曼弗雷德·盖尔著　黄明嘉、高星璐译

广西师范大学出版社 2016 年 5 月出版

"启蒙"一词，在文坛学界是遍处可见的老字眼。以"启蒙"为主题的著述，也已累积得难以计数。但何谓"启蒙"？尤其是在当前民族主义与世界主义、现实主义与理想主义的价值分歧正前所未有地从政治、经济和文化等领域尖锐凸现的全球形势下，饱经沧桑的"启蒙"，对于认识和破解人类生存和发展的新困局，是否还有某些未尽的现实意义？

这本《启蒙：一个欧洲项目》以思想家评传的独特形式，对此给予了精要而深切的探察。全书七章，首先从约翰·洛克如何形成关于人的自然权利与宽容和独立思考的观念主张，以及他的门生小阿什利怎样阐发戏谑和幽默哲学，追溯启蒙思想兴起于 17 世纪末英国绅士阶层的标志性踪迹；随后，对伏尔泰、卢梭、狄德罗、摩西·门德尔松等人从英国引进新思想火种，逐步把启蒙移植进法国文化和犹太文化，并推展为欧陆思想运动的曲折历程，进行梳理描述。

书中最后三章，将启蒙运动的思想遗产置入文明冲突加剧的当今

世界格局之中，展开问题意识和辩难力度极强的讨论。其中，最值得注意和思考的，是如下的一番描述和判断：康德哲学中实践理性、纯理性信仰及世界公民等重要范畴，在近年欧洲社会思潮的激变中，日益显示出强劲、深广的价值主轴作用，它们贯穿在启蒙运动的历史脉络中，经由威廉·洪堡的教育实践和阿多诺、波普、阿伦特、哈贝马斯的学术实践，不断散发着蓬勃活力。

《创造社与日本文学》

周海林著　周海屏、胡小波译

上海社会科学院出版社 2016 年 6 月出版

这是一部出自旅日华裔学者之手的史论著作。据作者在后记中介绍，这本书也是她攻读早稻田大学文学博士学位期间最重要的研究成果。如书名副题"关于早期成员的研究"所示，这本书里突出呈现的，主要是创造社早期成员中的四名核心分子——郭沫若、成仿吾、郁达夫、张资平的文学生涯前期状态。但通读全书，得到的文学史新知和历史现场的文化信息，却是丰富广博的。

这一点，从前言里阐明的研究旨归，就可以看得很清楚：研究创造社从艺术之上的文学非功利主义的旗幡下，迈进到马克思主义革命文学的道路，就是研究中国激进知识分子的历史缩影，就是反思一代知识分子的文学理想和强国之梦。综述创造社诞生的时代背景和文化成因的第一章，对"兄长留日"以及私小说和日语交互渗透、影响"创造体"汉语白话文的史实细节所做的揭示、剖析，对写实主义的观念和辛克莱的创作在中日文坛的流转变异情形所做的辨析、比较，都显示出于精微处洞见大势的通透感。

更多类似的亮点，出现在论人的四章中。郭沫若青年时期留学日本和中年避居日本时期，都一直以"不带贵"的理由，拒绝接触日本文坛名流，哪怕是对赞誉过他作品的厨川白村也不例外。成仿吾青少年时期留日时期对日、俄文学和对福本和夫学说的驳杂学习，与左翼文学初兴时期赴欧留学对欧洲马克思主义理论的重新学习，最终促使他转入弃文从政的人生方向。郁达夫对在日本文坛声名不著、作品不丰的葛西善藏，不但长期关注，而且在创作上也有直接呼应。而向来很少有人细致研究的张资平，书中对他挖掘最深的，正是他自甘堕入逐利为上的文学和人生境地的身世遭逢和人格倾向方面的深层缘由。

《十二幅地图中的世界史》

[英]杰里·布罗顿著 林盛译
浙江人民出版社 2016 年 6 月出版

日常生活中人人司空见惯的地图,并不是用线条和色彩对世界本来面目的直接再现,而是依托想象力和艺术手段,借用几何等科学法则,抽象地表达制图者对空间的理解、认知和把握。这个乍看起来有些奇特的陈述,对那种无法用来指示具体行程路线的非地区性的世界地图,尤为适用。

这本《十二幅地图中的世界史》,面目和结构是学术著作式的,若能耐心细读,会发现它更像是一扇新开的世界之窗,足以把我们的视线引向平常很难达到的高度和深度,让我们感受到眼前整个世界的新气象。书中以"科学""交流""信仰""帝国""发现""全球主义""宽容""金钱""国家""地缘政治""平等""信息"为题的十二章,每章聚焦人类创制、利用和改进地图的历史进程中的一个重要文本。

这些文本中,有托勒密《地理学指南》这样包含了地图原理却没有地图成品出现的著作,也有《历史的地理枢纽》这样的地图学专论和"彼得斯投影法"这样的地图制作技术方法,还有显然不能从纸面上尽显其详的网络在线的谷歌地图，但多数还是地图史上里程碑式的纸版世界地图。这些地图的绘制机理、实际功用和文化意义，循着制图术的历史演进走向，在各章中一一做出有前后参照和细节比较的详述。如第四章"帝国"，解读的是中国明朝人绘成的《疆理图》，这幅东亚现存最早的纳入了中国和朝鲜及欧洲的世界地图，在图形各部分的轮廓、位置和大小比例上，都有政治、哲学、文化的理念预设做根据。

《戏剧的故事》

[美]埃德温·威尔森、阿尔文·戈德法布著

孙菲译　北京联合出版公司2016年3月出版

《戏剧的故事》是一部篇幅简约而内容全面的世界戏剧史著作。英文原版的书名 Theatre: the Lively Art，和中文书名一样，都没有一般教科书常有的那种古板气息，但它实际上真是一本成色十足的戏剧史专业教材，这已是它的第9次修订版。书中内容一如书名，不仅图文并茂，而且更重要的是章节框架都构筑在舞台艺术实践的具体问题之上，而不是捆绑在陈陈相因的枯燥概念和抽象原理的名词术语团团缠绕、层层重叠的锁链中。

如第一章"体验今天的戏剧"，其下第一节照理该是"何为'theatre'"（只是一段简短的导引，未下烦琐定义），但紧接着第二节却是"为什么我们去剧场"，而不是我们见惯了的"戏剧的若干基本特征"之类的教条。从古希腊、古罗马到中世纪的西方早期戏剧，到印度、中国、日本和东南亚的亚洲早期戏剧，在介绍人类戏剧的源流时，《戏剧的故事》做到了东西兼顾。在现代和当代戏剧部分，亚非拉的戏剧也得到了和欧美戏剧同等的关注。

稍有遗憾之处，是对于与文艺复兴时期的欧洲戏剧同时代的中国宋元明之际的戏剧等东方戏剧的重要现象，书中有缺失。就20世纪末至今戏剧艺术的国际传播和东西汇流日趋显著的新动态、新现象和新话题，如多元亚文化的戏剧类型兴起、音乐剧的盛行，在书中也有信息密集且颇具新意和深度的述评。

《哥伦比亚中国文学史》

[美]梅维恒主编　马小悟、张治、刘文楠译
新星出版社 2016 年 7 月出版

以"史"的眼光和尺度,来论析、评价包括文学在内的社会文化现象,无论在学术方法层面,还是日常思维层面,都属中国固有之传统。但如果拘泥于书名和篇章架构等外在形貌,最早的中国文学史专书,却又问世于域外。这使得对于中国文学史的书面叙述,从一开始就呈现出了内与外、远与近、东方与西方以及中文与非中文的双重视角和双重尺度错杂并存、相映成趣的局面。

进入新世纪,英语世界先后出版了两部篇幅厚重的古今中国文学通史。其一,就是以 2001 年英文初版、新近推出中译本的这部《哥伦比亚中国文学史》。另一部,则是英文版首出于 2010 年的《剑桥中国文学史》,三年前已有了中译本。和国内大多文学史著作类似,这两部由美欧知名高校里长期专攻中国文学研究的一批学院派学者分工合撰的中国文学史,也都带有教材的性质。

各章虽因作者不同,语体风格和思路取向千秋各具,在介绍知识的深广度上,却同样把握着面向大学在读程度的一般学习者的相对平

易、浅显的分寸感。与述史为重、述中寓论的《剑桥中国文学史》比较起来,《哥伦比亚中国文学史》更偏重论史,主观的表达和个性化的判断飞升、弥漫得更奔放一些。作为中国读者,面对这样一种大块头的文学史叙述天地里的他山石,与其用力扑上去推敲搜求其细节的疏漏和论断的偏颇,不如换一个角度,正好从它主观挥洒的奔放中,耐心细致地体察一下以我们的文学史为对象和媒介的当代西方学人的中国观和中国故事逻辑。

《无悔》

陈明忠著　李娜整理编辑

北京三联书店 2016 年 4 月出版

　　一本读来痛快的书，写的不一定是快乐的事。满本净写些自己如何快乐、如何得意的书，往往倒免不了适得其反，惹读者生厌。《无悔》是一本直述一个人真实经历的大半生痛苦的书，但从第一页到最后一页，它都贯穿着一种质朴而又庄严、宽广而又细腻、坚韧而又温厚、执着而又通透的令人感到痛快淋漓的精气神。这是那种并不常能出现的用智慧融化了艰难苦恨、用叙述照亮了世间幽暗的生命之书。

　　1990 年代以来，《无悔》之前，贾植芳先生的《狱里狱外》也是一本这样的书。依书中序言作者吕正惠介绍，《无悔》一书来之不易。遭逢过台湾白色恐怖时期严酷政治迫害的一代劫后余生的幸存者，多不愿意回忆过去，更排斥写回忆录。

　　日本殖民时期出身于高雄一个大地主家庭的陈明忠，读高中时萌生反日思想和阶级压迫意识，18 岁时亲历"二二八"事件、参加台共在台中地区组织的武装斗争，并加入共产党，不久被捕，整个 20 世纪 50 年代入狱十年，之后谋职企业界，以业务实绩升任高管，因利用赴日出公差之机搜购祖国大陆等方面社会主义图书资料，回台大量复印传播，于1976年再次被捕，备受酷刑，始终不屈，坚持掩护大量左翼同志，经十余年羁押，在各方援救下，终于在1987年"解严"前夕，因病保释。出狱后，陈明忠在政治势力多元崛起的台湾社会发展的新时代，投身反独促统、推进左翼力量团结的活动，参加组织夏潮联合会、中国统一联盟等左翼统派团体。

根据陈明忠的口述录音整理出的这本《无悔》，之所以能成书，触因就在于大陆读者对陈先生此前接受采访的一篇谈话稿，给予了热切关注。担任这本书采访录音和文稿整理的，也正是大陆学者。

因而，这本回忆录不但是台湾老一辈左派知识分子的生命之书，也是他们面对祖国年轻一代读者的心灵告白和历史见证之书。对于有志专事研究或传述台湾以至整个东亚左翼政治和文化运动历史的读者，书中诸多身临其境的史实忆述和亲逢其事的人际往来，更有勘定通行说法、考辨历史本相的宝贵实证价值。

《福柯的最后一课》

[法]乔弗鲁瓦·德·拉加斯纳里著　潘培庆译
重庆大学出版社 2016 年 4 月出版

一顶"后现代"或"解构"的帽子,把 20 世纪 90 年代开始在中国学界文坛的一角暴热起来的福柯,遮蔽得几乎完全失去了他在欧洲社会思想场景中的原样。这本中译版只有 8 万多字的小书,以四两拨千斤的巧劲儿,有力地掀掉了一顶在作者看来纯属是硬扣和错扣在福柯头上、并且还戴歪了的帽子——左派的叛徒。尽管在中国的理论语境中,本来并没有多少人用"左派"的标签来认定福柯,但这本为福柯摘帽、为福柯思想正名的小书,对我们还是一样有启发意义。

因为这本小书聚焦解读的所谓"福柯的最后一课"——《生物政治的诞生:在法兰西学院的讲课(1978—1979)》,涉及的是迄今为止不但没有解决、而且可能比福柯当年讲解它时还表现得更加突出的一个现实问题:如何看待和理解二战后在西方国家日益起到思想价值支点和社会发展主轴作用的新自由主义?抛开书中比比皆是的许多八面出锋、横推竖扫的犀利辩难和片面而不失深刻的归因批判,用书中概括的一段马克思《哥达纲领批判》的核心观点,恰好可以说明这本小书思辨方法上的闪光之处：

对于资产阶级和资本主义的真正批判，不是把它设定在绝对反动的地位上，予以对抗性的否定，那样做就等于是在"用前资本主义来批判资本主义"，而是应该在历史进程中把握它们的"肯定性"，从它们所创造和许愿创造的方向上去破除阻碍，进而激活、更新实现理想的机制和力量。

《藩屏：明代中国的皇家艺术与权力》

[英] 柯律格著　黄晓娟译

河南大学出版社 2016 年 5 月出版

　　与寻常所见的艺术史著作不同，牛津大学东方研究院艺术史教授柯律格所著的这本《藩屏》，一方面，读起来更像一部历史题材的社会学著作，充满故事性的叙述和田野调查式的见闻实录及解读细节的思考感触；另一方面，有很多内容又分明延伸到了一般由通史或专门的政治史记述、阐释的权力运行、行政体制和统治方式等领域。

　　但合观全书，一边是对物态的历史遗存的探访描摹，一边是对制度形态的权力关系的梳理追究，衍生其间的特定时代的艺术和文化形态，其实并未被湮没，反而在隐现起落的明暗曲折中，展露出了愈加完整的来龙去脉和畸变分合。而在书中辐射、牵连出这重重纠结的社会与政治、权力与艺术的层叠关系的焦点——明代"藩屏"，也即被设想和预期为能在全国各地拱卫着皇权、同时也疏散皇族内部裂变潜能的封土而居的皇族宗亲，以及他们的领地，则成了滋生和支持某些特殊艺术样式的特殊土壤。

　　从书后的致谢辞中可知，是作者 2009 年春在山西太原和湖北钟祥的一次短期旅行，促发了全书的写作。书中参考的资料除了部分方志、碑刻印本，大多为中国学者近年的论文。但凭着对西方中国史研究前沿的新视角、新方法和新表达形式的运用，这本书显然获得了远超过它所参考和利用的各种资料文献的敏锐洞察力。被剥夺了政权和军权分享机会的明代"藩屏"一族的艺术生产力、艺术趣味和艺术创造，以及相关的礼仪效应和文化权力效应，由此得到了别开生面的揭示。

《唐人小说》

汪辟疆编校　北京联合出版公司 2016 年 8 月出版

进入现代以来,从新的文学认识和学术思路出发,对唐代散文体叙事作品给予搜集、考订和评析的选本,前有 1927—1928 年之际初版的鲁迅编校的《唐宋传奇集》,后有 1930 年初版的汪辟疆编校的《唐人小说》。《唐人小说》所收录的唐代作品,比选文先出的《唐宋传奇集》范围有进一步的扩大,在单篇作品之外,增加了从专书中辑录的带有现代小说要素的篇章。在新出的这个横排繁体字版之前,《唐人小说》出过三个版本,这次重版依据的是内容最为充实、校订也最为齐全的 1955 年版。

全书分上下两卷,上卷录单篇作品 30 篇,下卷辑自专著的叙事文 38 篇,均摒弃了琐碎杂记,具备相对完整的"小说"形态。每篇选文标题下,都标明了原文书名和编纂者以及校勘文献。随各篇选文之后,又都有编校者作的按语,介绍作者简况、说明版本源流,另外,还附有在人物、情节或故事发生的时间、地点上与选文相同或相似的其他多种文献的原文,供读者参照比较。下卷专著部分,在每部书书名下,也有对该书作者和成书情形的综述。

而全书选文的排列顺序，则依循作品出现的时间先后，显示着传奇叙事一体的写作在唐代的流变脉络。这部体例严整的《唐人小说》如今的新版，拉近了前辈学人和当代的距离，也再次把隐含在传统文献中的小说基因做了清晰呈现。

《文明对话中的儒家：21世纪访谈》

杜维明著　北京大学出版社2016年4月出版

　　由12篇访谈文章和一篇附录采访记组成的这本《文明对话中的儒家》，是被誉为当代新儒家代表人物的杜维明先生在2001年到2013年期间学术活动的一个侧面记录。与其他倡导儒家文化的当代文化人不同，杜维明的学术和人生道路充满了多重社会文化语境深度交迭的特殊印记。他20世纪40年代出生于昆明，20世纪50—60年代在台湾生活、求学，之后长期在美国高校任教，20世纪80年代开始主动回祖国大陆访学交流，近十余年来更进一步把学术工作的重心从哈佛大学转移到北京大学。

　　也许正因此，他对儒家文化的"传教式"的提倡和阐释，展现着尊古而不泥古、坚守而不保守的开放、切实姿态。这本访谈录正可为此做一见证。作为人类轴心文明的组成部分之一的儒家，能否在20世纪的历劫之后，像其他轴心文明已经表现过的那样，在未来迎来面向现实的新发展？在东亚、东南亚以至欧美各国作为传统、学术或宗教而得以持续演变拓展的儒家文化，在现代性的在地转化和日益紧密的多元文明对话的现实境遇中,将如何被中国的学人担当起来加以推进?

沿着这些思考,杜维明主张在相互倾听和各自反省的前提下,以文明对话的态度和方式来重新确立以"仁"为价值核心,以个人、社群、自然和终极关怀为四个侧面的儒家文化,从而实现对缺失身心性命之学和以权利压倒同情、以理性排斥天道的西方现代思想的融汇和超越。

《炮声中的电影：中日电影前史》

[日] 佐藤忠男著　岳远坤译
世界图书出版公司 2016 年 5 月出版

　　佐藤忠男是日本电影评论和电影史研究方面的著名的学院派专家。出身工人业余影评人的他，在学术著述方面的产量之丰和开拓之广，远超过了一般科班起家的同行学者。在这本《炮声中的电影》之前，他有关百年中国电影史和日本经典电影研究的著作，都已译为中文版，并且受到广泛关注。《炮声中的电影》并非新著，它的日文原版 1985 年就已出版。但从它所揭示的历史事实来讲，即使在它面世 31 年之后的今天，对我们仍然有电影史和社会史知识上的弥缺补漏的新触动。

　　全书 20 章，叙述为主，评议为辅，依各章述及的人事所处时代先后为序，不同线索和空间的人物、事件穿插并行。聚焦点主要落在两处，一是上海孤岛时期出现的"中华电影股份有限公司"和孤岛沦陷后重组的"中华联合制片公司"，二是伪满洲国时期的成立于"新京"（长春）的"满洲映画协会"。同样是日本侵占中国后执行文化殖民政策的电影机构，上海"中华电影"公司的负责人川喜多长政，从被日本军方以叛国为罪名刺杀的父亲川喜多大治郎那里继承了与中国人友好交往的遗愿，在管理权限内尽力转圜，为委身公司中的中国电影人保留创作余地。而"满映"的理事长甘粕正彦，则是穷凶极恶的右翼军国主义者，掌管"满映"之前之后都有策划和实施政治阴谋的险恶行径。

　　大时代的黑暗严酷，国族间的争战搏杀，电影内外的明暗起落，敌友关系的变换周旋，伴随着一部部掩埋在历史灰烬中的影片被重述和重评的话语，以往一直流于空白的中国电影史和中外电影交流史上的畸形和扭曲的一角，逐点逐滴地在纸面上重新显影、重新定格。对于这暗黑色调的历史一角，作者并没有止于冷冰冰的史料展示，而是以对于人事本身和他本人感慨的生动、深切的交叉叙述，处处表现着反思的诚意。

《未竟的往昔：法国知识分子，1944—1956》

[美] 托尼·朱特著　李岚译
中信出版社 2016 年 5 月出版

恰如它的英文原版书名 Past Imperfect 所称，《未竟的往昔》这本书是一本揭疮疤、指瑕疵的书。而其锋芒所指，则正如作者在书中所说，是直到他写本书时的 1990 年代初，英国和美国的很多学术界的小圈子里极其风行地热捧成一锅粥的战后一代和二代的巴黎知识界名流。其中，就有近二三十年在中国的文坛学界也盛名不衰的、头像印在这本书中文版封面上的波伏娃、萨特、加缪。书中实际上费了很大篇幅去对付的人物，远不止这三位。

从 1944 年法国被盟军解放，从法西斯傀儡政权下光复，到 1956 年赫鲁晓夫提出秘密报告，引发欧洲左派知识分子对苏联产生怀疑、进而把注意力转向反殖民运动。其间 12 年，从战时抵抗运动延续而来的巴黎知识界左翼，在面对斯大林时期苏联在其国内和东欧各国的一系列失当举措时，采取了近乎一边倒的支持、辩护和为之寻求合理解释的做法，以至使得与此保持距离的雷蒙·阿隆等少数人一时显得不合主流。巴黎知识左翼这一持续了 12 年的"主流"取向，在随后的反殖民运动的思想转向中，从总体上已被自动终止和彻底消抹。

但在作者看来，这并非历史进程中的偶然一瞬，相反，整个法国知识分子的一部现代思想自传都浓缩在这里。而与此紧相牵连的，绝不仅是法国战后左翼知识界的一群头面人物，更有法国作为欧洲文化中心的光荣和失落，以及两次世界大战给法兰西民族带来的卑屈感和边缘感，进而也关联到以法国意识为连结点的西方国家现代整体版图的内在变动。细读这部显然相对于我们纯属他者与他者之间的私语的著作，我们很难认同它的立场，但也看到了他者世界里的一层真实。

《文学回忆录》

[英] 毛姆 著 宋碧云 译
北方文艺出版社 2016 年 8 月出版

世界只有一个，描绘这个世界的作家却有不同的流别和等级之分。有生怕自己被人过于低估的作家，也有自己主动拒绝"崇高"的作家。还有的作家，只把流别、等级之类的说辞，拿来当成扮酷、摆姿态的道具或玩具。自居于"二流作家最前列"的毛姆，大概就正是这样。

他这本《文学回忆录》，记述的并非个人的文学生涯，而是如其英文原名和中文版的副题所称，是对他心目中分量最重的十位小说家及其代表作的述评。托尔斯泰及其《战争与和平》、巴尔扎克及其《高老头》、亨利·菲尔丁及其《汤姆·琼斯》、简·奥斯汀及其《傲慢与偏见》、司汤达及其《红与黑》、艾米莉·勃朗特及其《呼啸山庄》、福楼拜及其《包法利夫人》、狄更斯及其《大卫·科波菲尔》、陀思妥耶夫斯基及其《卡拉马佐夫兄弟》、梅尔维尔及其《白鲸》，合起来正好是十大家、十部经典。这最初是毛姆因杂志邀请推荐的一份书目，末尾原是普鲁斯特的《追忆似水年华》，后因有出版社据此书目刊行便于大众速读的删减本，相对更容易删减的《白鲸》才取而代之。

书中十篇随笔，如十幅画卷，十位小说家生平和创作中极具戏剧性的重重纠结，次第展开：巍峨映衬着幽暗、宽广交织着狭隘、深邃依附着浪荡、荒寒生发着凄美、偶然成就着经典。在别处的高头讲章里被捧在云端的一连串名家杰作，到了能把世上的一切都处理成"二流"状态的毛姆这里，总算返归了凡间，显露出在滚滚红尘和世俗烟火之中奔趋、挣扎、浮沉、迷狂的生动本色。

《超越帝国》

[意] 安东尼奥·内格里著　李琨、陆汉臻译
北京大学出版社 2016 年 5 月出版

安东尼奥·内格里是意大利左翼社会学家和政治哲学家。16 年前,哈佛大学出版社出版了他与美国学者迈克尔·哈特合著的《帝国》一书,在国际人文学界引发强烈反响,至今余波未息。2003 年《帝国》已有中译本问世,不过影响似乎仅局限于离文坛较远的理论领域。实际上,对于早已习惯了在"全球化"的话语主题或认识框架下观察、感受、谈论、描述现实和时代的文坛中人,全力阐释和剖析全球化政治秩序的现状、趋势和历史背景的《帝国》,是特别值得细读的一部醒脑启思、开拓视野的参考书。

新出的这本《超越帝国》,收录了作者 2003 年至 2004 年在欧美和中国所做的 36 场演讲的整理稿和介绍这些演讲背景的作者亲撰的前言一篇。书名虽是"超越帝国",但书中各篇其实都是在以更具现场思考和现场对话的灵动、跳跃感的形式,重述、补充并进一步支撑、延伸了《帝国》的观点和逻辑:

我们置身其中的当今时代,名为"全球化"而实为新帝国的潮流

正在纵深推进。与旧的帝国主义不同,新帝国冲破了传统的民族国家的主权和疆界范畴,以资本和"君主""贵族"相结合的多节点、无中心的网状权力,对每一个处在社会化非物质劳动关系中的人,都施行深抵个体生命经验的控制和规约。这是传统的帝国主义被超越的时代,也是大众最终有可能赢得超越帝国的斗争力量的时代。

《"左联"与左翼文学运动》

王锡荣著　上海人民出版社 2016 年 7 月出版

在全球范围内的左翼文化和左翼学术持续深耕广拓的背景下，中国左翼文学、文化的历史知识和思想传统，正面临亟需重新梳理、重新阐释的新契机。对 1930 年代以上海为中心的中国左翼文化运动，进行多侧面史料研究的"上海左翼文化研究丛书"一套四本，推出得正当其时。其中，和文学史联系最紧密的，就是这本《"左联"与左翼文学运动》。

恰如为该书作序的丁景唐先生所说，左联研究很有必要，但也很有难度。现场史料的缺失散佚，回忆追述的细节抵牾，人脉纠葛和观点歧异的错综交织，几方面叠加所致的直接后果，就是左联从始到终的客观存在过程一直留有许多无法确知的关键模糊点。对此，书中分 8 章，依时序从左联成立的前奏，到左联成立大会的召开，再到左联组织系统的确立和变化、左联活动的阶段分期，以及左联成员的创作收获、鲁迅与左联关系的始末，最后到左联的解散和左联的历史定位，都做了基于多方史料比对的辨析探讨和归纳描述。

在"谁终止了'革命文学论争'""左联是怎样成立的""左联文学创作成果"等问题上,作者做出了史料集成、考订成说的新裁断。在"鲁迅与左联""左联是怎样解散的"等论题下,则有"萧三来信"等稀见史料的完整披露和详细解读。而对向来存疑颇多的"左联的组织系统",作者也进一步确认了难有定谳的实际。

总起来看,这本书在左联研究方面既体现了集大成的格局,又体现了创新见的锐气。

《直觉》

[德] 格尔德·吉仁泽著　余莉译

北京联合出版公司 2016 年 5 月出版

《直觉》是一本带有"大家小书"风味的科普读物。它出自声名赫赫的德国高端科研机构马克斯－普朗克研究所的认知心理学家格尔德·吉仁泽（Gerd Gigerenzer）之手，但行文用语和篇章结构，完全没有一般学术专著常有的那种拒人于千里之外的生硬高冷架势。也许这正是为了更有力的支撑起全书的主旨：破除大众认知心理层面抑直觉而崇逻辑的偏执，为直觉正名，为直觉去蔽。

全书 11 章，分为"无意识的智慧"和"无意识的行为"两部分。两部分各章都是从描述一例例日常生活现象的个案出发，向贯穿在现象背后的直觉领先于逻辑、无意识超越于理性的深层思维规律，做轮辐向心、剥笋抽丝式的归结。只不过后一部分相较前一部分，更多地侧重于归结匹配着特定情境条件的一个个完整的行为决策过程的规律。依作者的研究结论，直觉之所以常常绕过表面上很活跃、很强势的逻辑理性，在个人和社会生活的大事小情中，起到暗中支配我们做出种种判断的作用，根本的原因在于它依托了经验最可靠、最可信的法则。

当这样的心理机制，在全书临近结尾的章节里，从智慧和行为的范畴，被推移到道德范畴，并与人类宗教史、战争史上一再重现的群体恶行事件牵涉起来时，这本一开始读起来只会感到轻松明快的小书，终归还是显示了它迥异于那些学识上无根、道德上失据的鸡汤软文类读物的严正、庄重品质。

《文明的滴定》

[英]李约瑟著　张卜天译

商务印书馆2016年8月出版

中年时期从生物化学领域转攻中国科学技术史研究的英国学者李约瑟，是中国人民的老朋友。他对中国的认识，常被简化为一点：提出和探究了所谓"李约瑟问题"——中国为何未能像欧洲那样发生近代科学革命。其实，这样的提问方式并不始自李约瑟，"李约瑟问题"也并不只是单纯针对中国和单纯关乎科学史的一个提问。

在《文明的滴定》这本文集里，"李约瑟问题"有了更加确切和全面的表述形式："为什么现代科学没有在中国（或印度）文明中发展，而只在欧洲发展出来？""为什么从公元前1世纪到公元15世纪，再把人类的自然知识应用于人的实际需要方面，中国文明要比西方有效得多？"书中收录作者发表于1944年至1966年间的8篇论文，展示着上述两个问题从最初萌生到求得逐步明晰的系统解答的思考过程。而贯穿这一过程的方法主线，则是从欧洲观念和现代科学的视野中，来理解、阐释历史上的中国成就、中国创造和中国特色。

这正是书名所标示的"大滴定"——不同文明的相互比照和相互

衡量。适应于广袤国土的官僚体制,长期重农抑商的社会结构,使中国至少在 14 世纪以前,能够不断出现生产、生活经验层面的技术、发明,其中不少还传播、影响到了欧洲。但这种社会条件的持续固化,最终也阻碍了数学和实验与技术的融合,消解了掌握世俗礼教之外的"自然法则"的信念。

《思念集》

张业松编 上海书店出版社2016年6月出版

如书名副题所称,这本《思念集》是贾植芳先生百年诞辰的纪念文集。身为中国现代文坛知名的"七月派"作家、新时期中国现当代文学学科复兴和中国比较文学学科建立的重要推动者,贾植芳先生在文坛和学界都留下了交织着奋斗与磨难的传奇记录。2011年贾先生去世三年之际,贾先生执教大半生的复旦大学,曾出版过一册《贾植芳先生纪念集》。尽收新篇目的这本《思念集》,可谓前者的续编二集。

书中包括50篇长短、体例不一的署名文章,另附贾先生百年诞辰捐赠藏书仪式和纪念研讨会综述,以及编者辑录的贾植芳先生著译目录和评介、研究资料目录。隔着逐渐拉开的时间距离,《思念集》中的选文,已有多篇是以学术论文的形式,对贾植芳先生在翻译、创作、艺术评论、学科建设和社会交往方面的具体实践,展开专题探讨。而读来更觉生气扑面的,当然还是行文洒脱的随笔。

如贾先生同辈友人何满子、罗孚两位老者,一用亲闻亲见的主观视角，一用"我"不在场的客观陈述，笔法不同，写出的却同样是唯有同时代人才能感同身受、体察入微的个人生活史中的关键一页。此外，康凌、周立民所记述的贾先生恢复工作之初编纂巴金研究资料专集和支持学生进行巴金研究的种种细节表现，还有彭小莲对贾先生晚年生活状态的追忆，都显露着观人于微的深切，很值得一读。

《见惯而怪之》

李阳泉编著　上海文化出版社2016年6月出版

遨游书海、博观约取,进而以精当的文摘或转述与明快通透的评析、引申,匹配连缀、结撰成文。这本来是中国文人书斋生活的日常功课。积淀在文体传统里,即所谓"笔记""札记"或"随笔"一体。流习所之,面目和气息一概庸俗的闲书固然多出,如《容斋随笔》《夜航船》那样有趣并且耐读的好书,却也不鲜见。它们貌似轻松甚至时露戏谑,实则别具情怀、属意深长。只是现代以降,这一路文脉渐趋低抑。当代文坛上,更是此调不弹已久矣。

李阳泉编著的这本《见惯而怪之》,可谓续古调而弹新曲。全书循笔记体例,察历史点滴。童谣、娱乐、消遣、服饰、头发、缠足、饮食、厕所、沐浴、避讳、骂人、婚姻、爱情、贞节、风月、刑罚、医疗、炼丹、防疫、刷牙、科举、官场、作战、行伍、经商、江湖,古代中国公私生活各个方面的现象、场景、习俗、风尚、器物、规制、观念、世情,从相关的古今图书文献中被分门别类地提取出来,归集到一个个互有关联的话题下,经由作者生动条理的描述和阐释,显示出了详实、鲜活、有趣的历史现场感。穿插在目录和各辑间的配图,均从古籍和近代文献精选,清晰恰切,画龙点睛,更使书中访古寻踪、走进历史的气息浓郁了一层。

《老街童话》

聂峻编绘　北京联合出版公司 2016 年 12 月出版

绘本在图书市场已悄悄走热多年。它吸引的读者群，从少儿逐渐扩展到了成人，甚至还形成了主要瞄准成年读者的特定题材和特定画风的绘本创作机制。这种趋势，既折射着社会心理的新时代特色，也回响全民共享连环画册的历史余音。不过论内容和形式上的深接地气和充分民族化，绘本的创作似乎还有很长的路要走。

70 后学院派漫画家聂峻新出的这册全彩绘本《老街童话》，以北京老城区的胡同、四合院为场景，通过"梦""虫""信""老小孩"四个系列故事，展现了大时代变迁下普通小市民的日常生活。清晰洗练的画面，淡雅繁复的色彩，静与喧嚣的变奏，爱与忧愁的交织，这一切把核心人物残疾小女孩鱼儿和她的爷爷——一位退休了的老邮递员，以及他们的至亲、近邻和偶然邂逅的朋友，都融进了老街童话的温情境界。

与寻常绘本不同，《老街童话》有自己明确的历史和文化意义上的地标。这地标，呈现在书里的是北京，有白塔、银锭桥、琉璃厂、紫禁城做标志的老北京。而在书中人物和故事背后，还隐含着更深层的地标：聂峻自己童年生活过和向往过的旧时光里的西宁、青岛，以及他创作这些故事时，期待从读者的共鸣中唤醒的许许多多的老城老街。

《北京的城墙与城门》

[瑞典] 喜仁龙著 邓可译

北京联合出版公司 2017 年 3 月出版

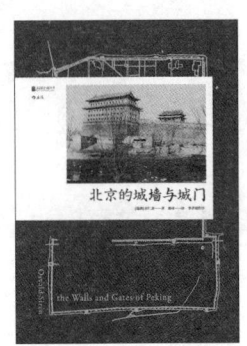

  1920—1921 年，新文化运动的浪潮正激荡在古老的北京城。精神形态的老北京，经历着革故鼎新的剧变。物质形态的老北京，却满披沧桑衰朽之迹，肃穆依然：内外城轮廓齐全，一座座城门形制完整。置身其间的居民们，当时大概谁也没想到，将来的北京人还会有怀念这些老城墙和老城门的一天。可能正因此，对 20 世纪 20 年代初期北京的老城墙和老城门的状况，做了详细记录和生动描述的这本《北京的城墙和城门》，不是出自中国人之手，而是出自一位专程来寻访中国都城建筑之美的外国人——瑞典艺术史学者喜仁龙（Osvald Sirén）。

  北京古城的城门和与之相连的城墙，以及由这些城门和城墙延伸、分隔开来的街道和园林，构成了一个深深吸引作者的人文历史意义上的美的整体形态。为了详尽记录这种深切的美感，作者全面地调动了他身为艺术史研究者的各种专业素养。他反复细致勘察了北京城门和城墙的各处现场，尤其留意和分析嵌入城墙和城门墙体的碑铭砖刻，因为那上面留着明确的建筑信息。此外，为把有关北京城墙和城门修建、改造的历史沿革和构造形式变化彻底了解清楚，作者搜集、查阅了大量的地方志。这个过程中，作者请教和求助了许多师友。比如为他精心制作砖刻碑铭拓片的，是他的中文老师周谷城先生；为他翻译地方志的是培华女校的外教包哲洁女士。而穿插在书中的50多幅城门和城墙的形态图和结构图，又是经国际友人介绍来的中国画师，遵照建筑师和作者的具体要求，按严格的比例和精准的尺度绘制成的。除了这些，作者还在书中附了他亲手拍摄的百余幅北京城门、城墙的清晰照片和少量作为参照的西安和山东青州的老城门和老城墙照片，留驻了难以再现的珍贵历史风貌。

全书8章，每一章都写得结结实实，并且优美流畅。第一章概述中国北方筑墙建城的历史；第二章回顾北京旧址上的早期城市，第三章综述北京内城城墙；第四、五章依东北西南之序，分别介绍北京内城城墙的内侧壁和外侧壁；第六章介绍北京外城城墙的内侧壁和外侧壁；第七章分四节，依次介绍内城四面的城门；第八章介绍外城城门。各章首尾都是优雅、洗练的散文笔致的场景刻画，隐含着趋近而又走远的行踪，和选准风光韵味最足的时刻或季节的独特视角。从容展开的建筑流变和艺术形式方面的梳理、讨论，一概放在各章中部。但即使是在交代这些很容易让读者觉得生冷铁硬的专业内容时，也常会跃出些灵动鲜活、诗意盎然的片断：

"城门的魅力和个性，随着季节和光线不断变化，但夏季无疑是它最绚烂迷人的时节。高大的垂柳俯下身子，绿色帷幕般的枝条几乎贴到尘土飞扬的地面上，椿树的树叶则轻抚着城墙。孤独的行者骑着驴穿过这座城门,昏昏欲睡。这里的空气沉甸甸的,布满尘土的道路和石桥被太阳烤得炽热。人们都尽量避免走动,除了一群被晒得黝黑的顽童,他们在浑浊的护城河水中与白鸭一起扑腾、嬉闹。这是一幅北京夏天的缩影,因为有了这座古老的城门,衰落的城市和恬静的乡村被美妙地联系起来。"(引自第八章,见该书第 179 页)

《我的非洲之旅》

[英] 丘吉尔著　欧阳瑾译

上海社会科学院出版社 2017 年 3 月出版

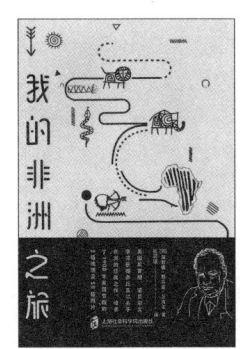

79 岁时获得诺贝尔文学奖的英国前首相温斯顿·丘吉尔，早年就已展现出过人的写作和演讲才华。这本《我的非洲之旅》是他 33 岁担任英国殖民地事务部次长时，执行视察东非英殖民地的公务期间的旅程纪实。全书 11 章，最初曾在连载过福尔摩斯探案故事的《海滨杂志》上刊登过，1908 年结集成书时内容又有所增添。

依作者在前言所说，书中各篇都是他在完成当天行程后，利用一个个漫长而炎热的午后写出来的。而通读全书，可以从诸多细节知道，丘吉尔的这趟非洲之旅，几乎时刻都面临疫病、蚊虫、曝晒、海拔等多方面威胁对身体健康和安全的考验。一路上，壮美的自然风景、奇特的种族风情，始终与作者隐隐的一种戒慎恐惧的心理提防相伴随。但很显然，这并没有影响作者书写这部旅行记的热情。遍布全书的各种画面感极强的描写，表明作者对他所到之处都有耐心的观察和全身心的投入。或许这只是因为职责所迫、使命在身。或许这正是作者化腐朽为神奇的一种写作能力的体现。

起于东非东南角的印度洋边的蒙巴萨岛,沿乌干达铁路向西北,经内罗毕至维多利亚湖,又到恩德培和坎帕拉,再顺白尼罗河而下,最终抵达东非北部的苏丹喀土穆,这趟几乎纵贯整个东非的长旅,仅看它标在地图上的线路,就够有气派。对此,丘吉尔用毫不吝啬笔墨的状物和写景,有力地呈现了它应有的分量。而行至内罗毕、恩德培、坎帕拉、喀土穆这几座政治中心城市之际,他也适时适地好像触景生情似的,探讨起了如何针对东非特殊的社会、人文和地缘条件,实行更有效、更合理,也更符合英国利益的殖民政策等严肃政治问题。

还是干脆利落而时带诙谐的文风,还是惯以具体的事例代替繁琐的思辨,坚定的政见主张、开阔的世界视野和顽固的帝国立场、狭隘的种族偏见,却明暗相间着,一古脑儿都流露了出来。这显见着时代、国族和文化的局限,同时也显见着写作者个人的坦率和诚实。

《地理学与生活》

[美] 阿瑟·格蒂斯等著　黄润华等译
北京联合出版公司 2017 年 3 月出版

"一带一路"宏图当前，文学和国家其他各项重要事业一道，正面临切近而又崭新的世界性发展格局。而当代世界，无论自然条件还是社会人文，都鲜明呈现出日益复杂的区域差异和空间错落态势。对此，单纯依赖身临其境的感性经验，或纸上得来的信息资料，已很难形成相对清晰完整的认识。非得像古话所说，"读万卷书，行万里路"，把知识和经验紧密融合起来，互补互证，交相参照，一个立体的世界才会真正向我们敞开。

这本图文并茂的《地理学与生活》，展现的正是多样化的人类全球生活经验和跨学科的世界地理常识系统整合的一幅宏阔图景。它译自在北美地区享有盛誉的一部大学地理通识教科书 2008 年新出的第 11 次修订版。书中的数据、图表和观点话题，都更新、扩充到了临近修订版面世之际的年份。甚至全书 13 章里的一多半，都是从描述和探究进入 21 世纪以来的国际热点事件和世界自然、人文地理方面的新现象，开始入题的。这使得整本书读起来不仅没有寻常教科书那么枯燥生硬，而且好些乍一看名目很专业的章节，都会给非地理学专业的读者带来一种释疑解惑、获得时事新闻背后的种种科学新知的惊喜和趣味。

特别是对常年习惯于从自我视角来观察、描摹生活和时代的文坛中人，这部英文原书名为 Introduction to Geography 的大开本厚书所导向的，既是一个综合集成了全球自然地理和人文地理的新状况、新信息和新问题的新知识世界，更是一个在感受、理解和把握现实的视野及方法上，具有丰富启示意义的新思维世界。从篇章架构上看，传统自然地理学知识的归纳，仅为全书的前提和基础。而全书的主体，则是以专题形式，就人口地理学、文化地理学、政治地理学、经济地理学、城市地理学和区域地球科学等应对人类生存现实危机的新兴学科和交叉学科，进行基本常识和前沿动态的详细介绍。

《地理学与生活》虽然名为"地理学"，却并不到地理学为止，也远不仅包含着传统的地理学。在它大部头的容量和格局里，最多和最重要的部分不是对过去世界的地形地貌和天然物候做档案式的材料归置，而是从叙述、刻画、剖析、论证多重话语的穿插并用和图表数据的匹配中，对当今时代人类生存、发展现实问题的揭示和探究：自然和人，以及依托一定自然条件建构起来的社会和人，两者间的关系在技术文明高涨的当代和全球各处的不同地理区位，为何一再重陷亲密而又紧张的悖局？为了缓解和改善这种关系，人类已经作过哪些或成或败的努力？现在世界各地的人们为此正做的科学和人文意义上的实践尝试又有哪些？

——这都是些没法在文学圈里谈深、谈透的问题。但适时地关注它们，留意它们所扩展出的经验和知识视野，对强化我们在具体的文学创作和文学理论思考中的时代感和世界意识，应当会有极大的帮助。毕竟已经有很多意义长存、价值久驻的文学作品和文学理论，都是从原本看起来没有文学的地方生长起来的。

《回望》

金宇澄著　广西师范大学出版社 2017 年 1 月出版

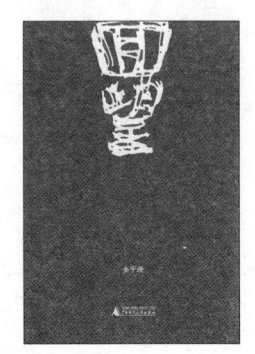

金宇澄 2015 年发表的《火鸟——时光对照录》，曾被不少论者认定为那一年中国散文创作的一个重要收获。这本包括了这篇长文在内的文集，在"回望"的主题下，进一步放大了作者为自己父母人生征程上的早年岁月和暮年时光，展开"对照录"式的记述与体悟的时空、心理范围。经这一放大，伴随个人家世遭逢和命运跌宕的曲折迂延被拉伸到更长、更广的时代和社会背景中，相关的细节凸现得更加生动、更加密集，一幅幅在以往的散文、史传、纪实等非虚构作品中，常陷于幽暗不明状态的历史画面，也露出了比较清晰的轮廓和比较完整的脉络。

而贯穿在这一历史画面中的主要人物和主要事件，正是作者的父亲和他大半生的亲身经历：太湖流域水乡小镇的没落大家族出身，读高中期间适逢全面抗战爆发因而随大溜集体从军，之后加入中共秘密情报系统，在沦陷时期的上海从事地下工作，迎来革命胜利、全国解放的新时代不久，却蒙冤入狱，继而又连遭运动冲击，"新时期"降临、年已垂暮，终获"落实政策"。类似这样的人与事，在纯虚构的小说和影视剧中，已不鲜见。但在用真实素材支撑起来的非虚构写作中，处理这类素材时，怎样才能更妥帖、更有分寸地协调好追溯自家一己悲欢的小叙事和面向大时代的文化省思这两路话语的主次轻重配比，始终是一个难题。

依书尾作者自述，这本书里的三章，来自他不同时期写的三篇作品，其中用到了三种不同的叙事。初稿作于1990年代的第一章，曾借"伯父""伯母"的称谓，来间隔和隐藏作者与所述"故事"的亲缘关系。如此所致的叙事面目，反而多了一层在同类题材的散文作品中不太容易见到的情绪上的节制、沉稳和语态上的洗练、精简，最终对读者的心理触动，其实倒比宣泄、煽情和引申得过多过滥，要更强更深。第二章也即2015年发表的那篇已有广泛好评的《火鸟》，在延续了第一章的行文特点之余，添加了书信、笔记和档案等史料性质的图文实证。这种添加，没有改变正文叙事节制有度、宁可"不足"而绝不肯"过"的基调，而是烘云托月似地把正文中冷峻述史的一面，映衬得更冷；把正文中温情怀人的一面，烘托得更暖。而到了第三章，相较前两章，叙事方式上最大的变化是通篇采用了作者为自己母亲直接代言的拟态的"第一人称"视角与语气。与此相应，内心活动的自我表白和联想发散的细节刻画，比前两章明显见多。

通读全书、细察文脉，可以看出作者的写作处处用力、也处处尽心，为他的父母、家族和他本人的一段精神成长历程，以及整整一个大时代的历史风云，都作了郑重的富有责任感的努力付出，对于拥有相似素材其他写作者，在写作策略和技巧的运用上，也提供了实实在在的参考。

《人情之美》

丘彦明著　中信出版公司2017年5月出版

如果把文坛比作剧场,那么媒体就像舞台,作家活跃在台前,读者聚集于台下,而编辑,则隐身幕后,照应各方、调度全局。精彩的文坛风景,固然要靠优秀的作家和读者来成就,但也绝对离不开优秀编辑尽心、敬业的付出。尤其是在整个社会大环境不是特别适于文学从容发展的时候,编辑发掘、凝聚文学资源的眼界和能力,简直可以决定文坛的水准、左右文坛的氛围。

这本《人情之美》,正见证着编辑和作家共同推动台湾文坛转型的一段历史。它的聚焦所在,是十年时间——20世纪70年代末至20世纪80年代末、两家媒体——作者一度主编过的《联合报·联合副刊》和《联合文学》,以及12位作家——台静农、梁实秋、叶公超、吴鲁芹、张爱玲、高阳、孟东篱、白先勇、西西、王祯和、三毛、王拓。书后附录一篇,追述了湮没在历史深处的十几家台北老咖啡馆里的文学旧时光。

以今天的眼光看,《人情之美》中的时代和人物已覆上了浓厚的历史色彩。但在"人情之美"的柔光辉映下,书中这些历史册页还正当一笔一笔描画、一页一页翻动之际。那是对台湾社会和台湾文学，都不啻化雪融冰、乍暖还寒的解冻时节。从戒严末期到解严初期，蛰伏的力量、沉埋的情思、蜷缩的思想，静悄悄地开始悸动、舒展和扩散，改写着社会、历史和人生的图景，也改写着文学和文坛自身。作为身临其境的现场见证人和亲历者，丘彦明对自己当时的交游感触和事后印象的记叙，都同样避开了社会背景和文坛生态中偏于冷硬的那些大事件、大话题，而指向有更多温存、更多亮色和更多人情味的寻常小事或生活点滴。

恰恰因此，在诸多忆旧谈往的著述里似乎一概落寞无言、甚至自安于失语状态的"五四"之子台静农先生，在《人情之美》里却显现出了望之俨然即之也温、襟怀深切而又素朴宽和的"烈士暮年"风采。梁实秋受访长谈的口述实录和弥留时刻的言行情态刻画，则对"雅舍"主人文学和翻译的方法、观念及生活态度上的某些久存悬疑歧见之处，做了澄清、补白。而新月派前期主将之一叶公超、上海沦陷时期的文坛孤鸟张爱玲，这两位从中国现代文学的星空中一闪而过的别致人物，在《人情之美》中也非常难得地留下了各自文学后史的一段生动侧影。至于白先勇、西西、三毛等其余几位在书中属于"少壮派"的作家，从作者当年的采访记和近年的追忆或散文中，绽放出的完全是一派情谊浓得化不开的昵友加闺蜜的亲切形象。

随书附赠的全彩高清图版折页小册，精细、完整地展示了台静农、梁实秋、张爱玲、白先勇、吴鲁芹、高阳、西西、三毛写给作者的9封亲笔信。瞧着这些墨色、笔迹、信笺款式和行文腔调各各不一的昔日文友间的体己话或客套话，今天的读者除了会感觉到历史的气息，想必也会对远去年代里秀才人情半张纸的那份单纯和雅致，暗生几分羡慕。

《治村》

贺雪峰著　北京大学出版社 2017 年 5 月出版

新时期以来的文学创作和文学理论,在每一步醒目的发展、变化当口,都无不接受来自社会科学或人文学术其他领域的影响。仅以小说、散文创作中素为作者和读者所重的农村题材或乡土叙事来讲,从传统的农村革命战争史和新兴的三农问题研究方面,主动获得的启示、激发,或被动承受的规约、带动,就非常显著而且接连不断。客观上看,这也正是文学实际参与认识、理解和探索解决三农问题的社会大事业的一种具体表现。但同时,这更说明:文学要真正扎根大地、经世致用,离不开也绕不过社科人文学术。面对与时俱进、持续深化推进的社科人文学术,文坛中人与其事后被动补课,不如及时跟进、同向而行,展开积极的对话、学习和镜鉴。

活跃在当今中国乡村治理研究前沿的实力派学者贺雪峰最近出版的这部《治村》,汇集了他深入各地、田野调查的新报告和新论文四十余篇。按照议题和内容的侧重,分为"谁当村干部?能人、狠人与富人""村庄政治与农民参与""资源下乡与农民参与""村治的制度探索""村治的社会基础：阶层、派性、宗族""村治的动力"共六辑。虽然在具体的师承学缘上，主要靠自学成才的贺雪峰和费孝通先生没有直接关联，但作为同样倾力于研究乡土中国的学者，他不仅继承了费孝通先生论学文章洗练通脱、明快清晰的文体和文风，而且还发展起了辩难锋芒更犀利、凸显问题意识的力度和精准度更强劲的论学写作新品格。

这样的文体、文风，熔铸和利用了优秀的文学传统，反过来对文学写作、尤其是非虚构写作，显然也有参考价值。相较之下，《治村》对今日中国乡村现实的揭示、阐释和问题对策探究，则迸发出一股在文学话语里少见的"透过现象看本质"的洞察力和概括力。如：长三角、珠三角一带沿海地区和中西部地区，湖北、赣南、苏南、鲁中、陕西及上海市郊，由于社会、经济和文化条件的区域性差异，鲜明地形成了同处一个时代、一个国家政策环境下的各地方农村，在生活秩序和价值取向诸多层面高度复杂化、以至彻底背反的状况。另一方面，新世纪初年划时代的农村税费改革和全面取消农业税的政策，还有随后铺开的资本下乡、城镇化建设等各项反哺农村的举措，使中国乡村社会的历史演进出现了大步的跨进，亿万留守村民和流动到城市的农民工，在身份意识、物质处境和人生观念上，都开始经历前所未有的深刻嬗变和急剧分化。这些比文体、文风更内在也更坚实的信息和内容，看起来离文学远了些，实际上却是同样正在密切关注中国城乡巨变的各种体裁的文学写作者和评论者们，都应该一起来详加留意和深入思考的。

《诗人郑珍与中国现代性的崛起》

[加] 施吉瑞著　王立译
河南大学出版社2017年6月出版

"中国的诗人和散文家正是思想史的建构者，研究他们的作品往往可以窥知他们的思想。倘若忽视宋诗派和桐城派，十九世纪中国思想史则永难完善。"年逾古稀的德裔加拿大学者施吉瑞在他这部新译成中文版的著作里，恳切而又犀利地做出了这样的论断。宋诗派、桐城派当然也是中国文学和中国文化传统的一部分，但对于它们的肯定，摆在新文化运动和文学革命以降近百年来的现代文学和文化的价值观念背景中，显然是一种极具挑战意味的、为历史大胆翻案的说法。

自青年时期就钟情于中文，并且先后在美国加州大学伯克利分校读本科期间、在台湾游学期间、在加拿大不列颠哥伦比亚大学读硕士和博士期间，随陈世骧、于大成、李祁、叶嘉莹等先辈，学习研究中国古典诗歌，之后又以此为业，长期坚守汉学教席，投身从唐宋直至晚清的诗歌、诗人和诗学研究，出版了解读杨万里、范成大、黄遵宪、袁枚思想生平和创作道路的专著。这样的求学和治学履历，少有地执著，也少有地瓷实。它足以佐证：施吉瑞这部英文初版于2013年的近著《诗人郑珍与中国现代性的崛起》，学术品质是多么严正、文化态度是多么深情。

在55万字的厚重篇幅内，清末嘉庆、道光、咸丰、同治年间蜗居故乡贵州一带的平民诗人和学者郑珍的人生画卷和精神世界，得到了全面细致的展现、阐释和评价。受科考屡败、家境寒素、地处偏僻等条件所限，平生大多数时候都只是一介布衣的郑珍，虽置身文化衰退和价值崩解的大时代前夜，却连位卑而忧国、匹夫而担天下责的最起码的话语资格，都无从获取。甚至他晚年遭逢乡间严重兵乱，被迫数次离家避难，稍得安顿时，为提醒官府妥为善后、革新政务，而做了一生中几乎是绝无仅有的一次上书谏言，得到回应却是一通耻笑和被斥为"疯狂"。零散西南各地短时间充任学官的经历，成了郑珍灰暗生命历程中作为一个文人和学者的少数几点事业上的亮色。

但尽管如此，按照施吉瑞从返回史实和直面史料的角度重新把握历史本相的认识方法，走出一再用新材料去重复验证成见和旧说的误区，我们就会看清而且也同意：郑珍经由其诗文创作所体现的思想，确实包含和体现了具有鲜明中国特色的"现代性"。比如，对于汉学的理性主义思维的汲取，对于新的个人价值的标举和对于群体传统的质疑，对于汉学和宋学调和融合的不懈努力，对于种族偏见、女性歧视的摒弃和反其道而行的富有包容度的国家认同和人性关怀，对于终极意义上的乐观主义取向的艺术表现和人生追求，对于医学、科技和各类实学的热爱和践行，对于现状的批判和社会政治变革的期许，以及最后一点也是贯穿其为学为人后半行程的最重要的一方面实践——

对于他自己所信奉和坚持探索的思想理念不遗余力、竭尽所能的向后辈和向外界的传承与传播。

这些今天可以概之以"现代性"的独特认知和精神特质，在历史现场固然没能使郑珍从他所处的时代性的负疚、焦虑、疏离、迷茫等负面的群体文化情结中彻底挣脱出来，但征诸可靠史载，郑珍的思想通过他为数不多但确有历史影响的亲密朋友和弟子，实实在在地流转和汇合到了近代中国思想和社会艰难转型的大潮流中。而对于这一思想流脉源发之处的种种生动细节，这本着力替一位当代视野中的"小人物"正名加冕的大部头书，毫不吝惜地把一多半的篇幅，都用做了解析和阐发他以诗为主的创作。诗言志，志不应仅止于缘一己私情，更可以包举世情和人性、天下和时代、见识和学理。在古今演变的文化分水岭上，诗是包袱，也是依靠。这样的新旧文体辩证法，在被重新发现的郑珍及其同时代人这里，又一次得到了有力的印证。

《小说修辞学》

[美]韦恩·布斯著　华明、胡晓苏、周宪译
北京联合出版公司2017年7月出版

从中国的小说创作和理论批评都以波浪相逐的潮流化状态向前发展的20世纪80年代走过来的人，对《小说修辞学》大多不陌生。它最初的两个译者和出版社都不一样的中译本，分别于1987年初春和深秋，在广西和北京面世，距今整整30年了。书中剖析和阐发的有关小说创作和接受的各个环节的基本机理，不少已成中国文坛上众所周知的常识，以至于很多人都常以为这些认识是我们本来就有的。

但实际上，正如译者之一周宪教授在此次重新印装出版的修订版中译本的序言中所说，这本书被中国文学界广为接受的30年，同时也是它被片面化地误读和选择性地肢解的30年。作者韦恩·布斯身为美国文学批评界"新亚里士多德学派"的第二代中坚，无论是在他这部学术代表作首次出版的20世纪60年代初，还是1983年该书发行第二版之际，面对着前者所处的"新批评"正盛之势，或后者所处的欧陆解构主义和叙事学风行的语境，其一贯的价值依归和方法立场，都恪守在重归古典修辞学伦理根基，沟通形式美学、文化政治和社会

道德实践的大前提下。

全书三编 13 章,每一编的每一章都层层深入地贯彻了上述思路。而且恰好与我们在三十多年前和今天以不同的形式所需要解决的重建和深化文学与时代及文学与社会关系的课题相类似,《小说修辞学》的各编各章里每一处的论述和分析,都不是平地起高楼式的玄想或空论,也不是刻意标新立异、从荒野或飞地上施工,而是从对于小说和现实关系的一整套陈腐、板结的僵化认识和思维定势切入,条分缕析地破解、拆除它们,在清理它们的消极影响、透视它们的漏洞和偏失的过程中,逐步建立全新的更加稳固、更富实际效能的有机的小说修辞学和文学伦理学。

只有了解到这一层次,这本在跨语际、跨国界和跨时代的理论旅行中早已化成"我们的经典"的《小说修辞学》,才能真正发挥出它本来就有的一份针对欧美文论的流行风气展开批判和谋求突破的可贵力量。就这个意义来看,如今它的修订版中译本崭新上市,正可谓恰逢其时。

《沈寂人物琐忆》

沈寂著　韦泱编

上海社会科学院出版社 2017 年 5 月出版

须臾之间，尽显世情沧桑，最得力的方式莫过于写作，尤其是记人、忆旧、述实事的写作。而从读者的角度来看，这类内容要写得好看、耐看，首先写的人和事本身，得多少有些自带光环的可观之处；其次，写这些人与事的方式，包括材料的取舍侧重和表述的见识体悟，更得别具慧眼，即使达不到"于天上看见深渊，于一切眼中看见无所有"似的通透深刻，也需有一层体察人性幽微和世间冷暖的独特寄托。惟如此，旧时光里的人与事，才能在这样的写作中复活；对它们的重述，也才能散发出温暖和烛照当下时代的亮色。《沈寂人物琐忆》正是这样一本既有通透深刻的一面，又有更多"同情的理解"、更多慈心善意一面的好看并且耐看的书。

它的作者沈寂（1924—2016）先生，是上海文艺界 2016 年损失的两位耆宿之一。和同年辞世的贺友直先生相仿，沈寂先生也是年高德劭的上海通。他们不仅自青年时期就步入文艺界，而且都把自己心爱的创作，一直坚持到了生命最后一刻。而且他们是多年知交，晚年还曾屡有文配画的合作,深受读者欢迎。不同的是,沈寂先生出道更早一些,在文艺界涉足的领域更多、走过的路也更曲折。他上世纪40年代初先以小说创作在上海文坛闻名,继而开始一边创作、一边主编刊物,另外还兼任报社记者,展现出现代都市知识分子特有的多面手气派,到四十年代末又一度转往香港,踏上了持续了他之后大半生的电影编剧的职业生涯。

近二三十年,淡出影坛的沈先生除了偶尔应邀为海内外出品的一些老上海题材的电影大片,做分文不取的义务顾问,给演员表演和场景道具把史实关之外,大量的精力都投注于老上海人物和老上海故事的写作。这些写作,既不像他本人以往的小说创作和大多电影编剧那样走虚构路线,也不像时下一般的城市历史或城市文化志那样完全靠引述和演绎材料,所有的题目和内容,都撷取自沈先生自己亲历亲闻的切身际遇和真实交游。其中最耐读的,就是如这本书所收录的那部分以记述人物为主题的篇章。

从中,我们不但可以随着作者的诉说,近距离地认识一些湮没在时代烟云深处或阻隔在熟悉的知识视野之外的正直有为的文化人,了解他们的事业上的成就,更可以体味他们人生遭逢中的甘苦,感受他们立身处世的智慧和风骨。《良师益友马国亮》《香港文坛教父刘以鬯》《忆〈万象〉怀柯灵》《漫话贺友直》《影剧先锋应云卫》《影剧奇才费穆》等文,都属此类。在看似平淡的题目下,积淀在作者独特人生记忆中的一个个生动细节,烘托、映衬出了他所讲述的这些人物在别处难得显露的行为做派和精神气度。

而书中另一些篇目,如《百年人生风雨路——记徐訏》《徐訏和葛福灿的婚姻悲剧》,还有写名伶孟小冬的《冬皇秘史》、写"鬼才"影人马徐维邦的《马徐维邦一夕谈》、写弹词名家朱雪琴的《琴声泪痕诉衷情》,则以作者与文中人直接交往或接触的印象和认知,为我们见证了一种说起来容易、承受起来难的常理:无论一时多么绚烂的文坛艺苑,毕竟还是立在世俗间;无论曾经何等出奇的作家和艺术家,终究也还要归入尘缘中。

《维多利亚时代的互联网》

[英] 汤姆·斯坦迪奇著　多绥婷译
江西人民出版社 2017 年 7 月出版

今年盛夏，一条新闻牵动了很多老北京人的情思：从 2017 年 6 月 16 日起，拥有 59 年历史的北京电报大楼一层营业厅正式关门。虽然这并不是要撤销电报大楼整个单位，也不是要终止电报业务，根据新闻报道，电报大楼的各项业务，包括电报和固定电话、移动通信等，将会迁往别处继续开展，但闻讯之后，不少在电报大楼工作过的老电信职工，以及在以往岁月对电报有特殊感情的读者，还是纷纷赶来专门拍一份电报或跟电报大楼前特意合影留念。的确，在互联网普及之前的漫长年代，举凡公事私事，每有至关重要的消息需传递，唯一的途径就是发电报。看重和依赖电报的情结，贯穿并且标志了一个时代。

但随着电信技术的更新换代和互联网的加速发展，近三十年来，电报已越过自己的鼎盛期，像明日黄花似的，在日常实用率和社会认知度上，都流落得非常边缘化和小众化了。不过，从更开阔的历史视野和更深一层的技术基础来看，如今的电报远没有它表面上看起来那样落伍和脱节于新时代。相反，为电报的国际化运用，而在全球范围内创建的海底通信电缆系统,以及由于运用并且依赖电报而形成的一整套现代信息社会的特殊文化风尚,不仅仍然存在于今天,而且还一如既往地发挥着它们强劲的作用。

这本出自英国《经济学人》科技版主编、从牛津大学工程与电脑科技专业毕业的英美知名科普作家之手的《维多利亚时代的互联网》,就正在用翔切的史料和知识,向我们证明以上事实。全书以追述历史为经、以介绍科技知识为纬,通过讲故事和讲道理交互穿插的方式,把人类发明、运用、改进电报技术的历史,延展在了上起18世纪中叶、下至19世纪末的百余年间。同时,电报业的覆盖疆域,也在许多有故事、有个性的发明家、实业家和工程技术奇才的合力推动下,从法国到英国、再到美国,然后经欧洲和美洲其他各国,最终扩大到了全世界各地。

纵观这一过程,其根本动力似乎就在越来越多的人益趋笃定地坚信信息可以产生财富。这财富既是经济的,也是文化的,既是物质的,也是精神的,既是美好的,也可以是丑恶的。而在单纯的技术进步的维度上,电报最终的发展,竟然是催生了直接导致它自身走向衰落的电话,以及将有可能彻底使它濒于消亡的互联网,这正如同一个幽暗的莫比乌斯环,隐喻着人类文明的某种深层悖谬。

《红军长征记》(全二册)

丁玲主编　董必武、陆定一、舒同等著
广西师范大学出版社 2017 年 7 月出版

《红军长征记》是一本有自己故事的书。1936 年春,也即中央红军抵达陕北后的第一个春天,就"预备集中一切文件和一些个人的日记,由几个人负责写"一部反映长征经过的书。但人少事忙,编写未能立即展开。当年 7 月,美国记者埃德加·斯诺抵达陕北保安访问,为苏区和红军对外宣传提供了有利机会。8 月 5 日,毛泽东和时任西北革命军事委员会政治部副主任、红一方面军政治部副主任的杨尚昆,联名致信给参加过长征的红军将士:"现因进行国际宣传,及在国内国外进行大规模的募捐运动,需要出版《长征记》,所以特发起集体创作,各人就自己所经历的战斗、行军、地方及部队工作,择其精彩有趣的写上若干片断。文字只求清通达意,不求钻研深奥,写上一段即是为红军作了募捐宣传,为红军扩大了国际影响。"同时,也向各部队发出电报,要求组织征文:"望各首长并动员与组织师团干部,就自己在长征中所经历的战斗、民情风俗、奇闻轶事,写成许多片断,于九月五日以前汇交总政治部。事关重要,切勿忽视。"(《毛泽东年谱:1893—

1949》上册）

1936年10月底，百余名作者写的200余篇、总计约50万字的征文汇集到红军总政治部。经徐梦秋、丁玲、成仿吾等组成的编辑委会精心编选，最后于1937年2月22日，选出50多位作者写的98篇文、2首诗、10支歌曲，另附2篇战斗英雄名录和4份有关长征路经地名里程、山水关隘、民族地区和行军作息等细节情况的资料、图表，共30多万字，确定为一部名为《二万五千里》的书稿。书稿编选期间，曾由多人合作手写誊抄了24份，除一份送到上海交冯雪峰设法发表、出版外，其他的保存在红军总政治部宣传部，继续补充、修改。书稿编定后，偏巧适逢西安事变和平解决、国共两党为一致抗战再次合作。出于照顾统一战线大局的考虑，毛泽东指示此书暂缓出版。

直到1942年11月，八路军总政治部宣传部才终于"趁印刷厂工作较空的机会"，将《二万五千里》的誊写稿更名为《红军长征记》，首次印刷出版。不过，按书前"出版的话"所述，"这次付印，目的在供作参考及保存史料，故仍依本来面目，一字未改。希接到本书的同志，须妥为保存，不得转让他人，不准再行翻印。"以及该书封面上在书名前特别标示的"党内参考材料"字样，这本书印数有限，传播面也不会很广。

但实际上早在此之前，这部书稿已对外产生了极大影响。那部送到上海由冯雪峰掌握的誊清本，1937年当年就以化整为零和改编加工的方式，在《逸经》杂志连载和在大众出版社出了摘编本。1936年10月结束了三个多月陕甘宁边区之行的埃德加·斯诺，离开陕北时携带的大批材料里,也很可能包括长征记部分原始文稿的复件,这在他随后半年多里陆续发表的多篇"红色中国"访问记,以及1937年10月出版的《红星照耀中国》一书里,有明显印迹。此外,1937年到1938年间,上海多种书刊都登载过直接介绍《二万五千里》一书及其编写过程的文章。

之后,《红军长征记》开始发挥为日趋经典化的长征故事做原材料的作用。如1947年冀南书店以《二万五千里》之名,出过一个含《红军长征记》原书38篇作品的摘编本;冀中、山东和东北解放区出版的多种长征故事读物,也都从《红军长征记》里选文取材。新中国成立初期,1954年中央内部刊物《党史资料》连载过经重新整理和少许删除的《红军长征记》,1955年人民出版社出版的《中国工农红军第一方面军长征记》收录了《红军长征记》里的53篇作品和3篇资料。然而,事实上1962年就随一批捐赠文物、入藏于上海鲁迅纪念馆的那份原在冯雪峰手里的《二万五千里》誊写稿本,以及和陕甘宁边区档案一道收存到陕西省档案馆的一册1942年印刷版《红军长征记》,

却长期未能以全貌公之于世。直到2002年,美国哈佛大学燕京图书馆传出的一条消息,忽然被媒体聚焦为热点:从该馆接收的埃德加·斯诺的藏书里,发现了封面有朱德亲笔签名的《红军长征记》上下册印刷本。受此促动,自2005年起,先后有四家出版社以不同的名目和编排方式,推出了以《红军长

征记》为底本的新版图书。其中，广西师范大学出版社2006年9月出版的照原样分装2册的影印本《红军长征记》，直接呈现哈佛燕京图书馆所藏的那部朱德签名本的原貌，最忠实于原书全貌。

2017年该社重出的这部《红军长征记》，在哈佛燕京藏本基础上做了字句细节的考订修正，并且把繁体字竖排的版式，也重录、重排成了放大字号的横排简体字。书前增配了10余幅呈现长征各阶段人物与景物风貌的历史照片。随书中各篇所记述的内容，穿插了重大战役和重要背景事件的介绍。书末添加了书中名篇《老山界》的作者陆定一所作的一篇"长征大事记"，作为附录。另对极少量篇目做了个别的句段删略。总体看来，这是一部在内容上最大限度地尊重了1942年版的《红军长征记》原貌和全貌的新版本。

和原版的《红军长征记》一样，这部新版的《红军长征记》每一页上的叙述和记载，都依然鲜活、依然生动、依然崭新。它们是长征英雄留存在不朽的历史时空里的赤忱话语，无论隔着多远的年代，都总是清晰而又洪亮，向后人倾诉着永载史册的长征精神当初在他们年轻的生命中激荡、汇聚和升腾起来的一个个真切细节。

《畅销作家写作全技巧》

[日] 大泽在昌著　程亮译

江西人民出版社 2017 年 7 月出版

　　大学能不能培养出优秀的作家？学院式的科班训练对人的文学创作才情和潜能，是促进作用更大，还是限制作用更大？在全民学历教育背景普遍提高的今天，这些都已经不再成为问题。越来越多以学生身份起步、从校园生活受益的实力派作家的成长道路和创作成就，充分证明：文学创作和其他专业技能一样，完全可以通过课程化的教学和训练来传承。但文学创作又并不仅仅是一项专业技能。真要教好它、学好它，首先必须找到"对的人"，其次还要讲求"对的方法"。

　　这本《畅销作家写作全技巧》，书名乍看起来多少有点俗气，细读内容却很实在、也很切题。作者大泽在昌，今年刚刚年逾花甲，23岁时通过单篇作品获得首届《小说推理》杂志新人奖，而在文坛出道，30岁时又以小说集《深夜马戏团》，获得日本冒险小说协会最优秀短篇奖；之后创作出《新宿鲛》系列，横扫日本推理作家协会奖、吉川英治文学新人奖、直木赏、日本冒险小说赏、日本推理文学大奖等各种奖项。50岁出头时，大泽在昌还曾一度担任日本推理作家协会会长。

从经历上看，这是一位靠刻苦勤奋的创作不断冲击奖项、不断刷新自己创作格局的实力派作家，同时也是一位取得成就以后乐于担当起前辈之责、无私提携后进和积极奉献行业的有公益心的文人。尽管论职业身份，他始终只是一名没有上班单位的自由职业作家。

记录在《畅销作家写作全技巧》里的，正是大泽在昌前些年进行的一次持续了一年多工夫的创作实战教学的生动情形。地点是在有名的文学出版机构角川书店，学生12人来自社会各界，但都同样怀抱作家梦、并且已有一定创作成果，属于正当"一脚门外、一脚门里"状态的文坛新人。全书包括"讲座"和"讲评"两部分。"讲座"由10次课组成，从"以写作为生意味着什么"开始，到"掌握第一人称的写法""如何塑造形象鲜明的角色""对话部分的秘密""如何设计情节"，再到"小说需要'刺'""锤炼文字和精心描写""挑战长篇小说""描写强烈的情感"，最后收束于"出道后如何继续生存"。话题及具体内容的展开和延伸，都紧紧围绕着职业作家的成长节奏和发展轨迹。小说创作的技术提升、文本打磨的种种讲究，都被细化成了指引写作者调整、完善自我艺术感受和表达习惯的点滴主张。

而佐证和支持这些主张的，皆为大泽本人创作道路上的切身经验和他闯荡文坛几十年的实际见闻。在许多高头讲章空对空的文学理论教科书里，是绝对找不到这样既像文友倾心交谈、又像师父倾囊而授的创作实践层面的真刀实枪硬招术"干货"的。

占全书篇幅近三分之一的近一百页"讲评"，分"写结局'反转'的故事""写'自己想写的世界'""写含有'蔷薇'和'旧建筑'的故事""主题创作赛——描写'恐惧'的情绪"四个专题，是针对12名学员一年听讲过程中提交的习作，所做的细致评价和诊断剖析。在"讲座"部分作为尾声出现的师生问答，在"讲评"部分放大成了富有头脑风暴气氛的"解剖麻雀"式的专题探讨，使学员当场受益之外，更给本书读者留下从容受启的余地。其中几个环节穿插的角川书店的几位文学编辑的发言，也因大泽诙谐而又犀利的回应和引申，而显露出作家、编辑和读者在文学观念和文学评价上歧异殊甚的有趣问题。

透过《畅销作家写作全技巧》这本书，我们不仅能领略到日本文坛一角一堂小说创作的马拉松讲习课的风貌，更能感受到当前日本作家的日常创作情境和由名家、新手和编辑以及文学奖项等各方面人马、设置组合而成的日本文学的新生态。贯穿在这堂文学课和这种文学生态中共通的一点特质，就是无论是作为社会生活的一面，还是社会分工的一支，文学都得根植于一种永无止境、不可停息的精深专注的工匠精神。

《中国文化传统的六个面向》

李欧梵著　中华书局2017年4月出版

7年前,作者应邀为香港中文大学开设了一门面向一二年级本科生的新课——"中国人文经典:大师导读课程"。这本《中国文化传统的六个面向》,就是这门课教过四轮之后积累起来的讲义和课堂记录整理修订而成的结果。

依作者在开课第一讲对学生所述:"我不是一个研究中国古典文学的专家,我的专业是现代文学。""这门课不是一般的中国文化总论,也不是中国哲学或思想要义"。"这门课所选的都是有文学价值的经典,我希望从这些文本中追索出几个'主题',然后加上其他文本的'变奏',借此描绘中国传统的几个'面向'。"换句话说,从这门课和这本书,也正可以看出一位在现代文学研究领域深耕大半生的资深学者重温经典文本、回望传统文化的独到心思和特别情怀。

恰如书名所示,全书11篇11个角度,分别归集在解读和阐释六个经典文本的6个主题之下。一是从司马迁《史记·项羽本纪》看"英雄本色",二是从韩愈《原道》看"政教道统",三是从苏轼《赤壁赋》

看"江河岁月",四是从冯梦龙《蒋兴哥重会珍珠衫》看"饮食男女",五是从蒲松龄《画皮》《画壁》看"魑魅魍魉",六是从鲁迅《阿Q正传》《野草》看"魂兮归来"。为了增加对于文本本身的认识、展示互文对话的效果,课上和书中都还引入了香港中文大学专治古典诗文研究的张健教授对《原道》的讲解,专治古典小说研究的周建渝教授对《蒋兴哥重会珍珠衫》的讲解,还有北大中文系陈平原教授对鲁迅《中国小说史略》的介绍。

虽然这些解读和阐释,都是以低年级大学生为对象的,但既没有停留在一味只求普及的水平上,也没有因为时时征引古今中外相关学者的研究结论而显出高深玄奥、拒人千里的艰涩。相反,全书从头至尾,一如作者向来的述学文风,总在洗练、明快的表述中,聚焦饱含现实关怀和人生情趣的新问题,形成有深广穿透力的思路和观点。

如第一讲对司马迁发愤著史的心态及其文本表征的矛盾纠结的揭示,对项羽和高祖刘邦两个"本纪"里涉及同一场景同一人物的不同描述的比较,对从《史记》关于项羽和刺客的记述延续到《三国演义》和后世武侠小说中的"英雄"刻画、"英雄"叙事的文脉流变的梳理,第二讲对于韩愈在振拔儒学和士人传统方面的历史贡献,以及他身后所得到的"文起八代之衰"的盛誉和完全相反的贬抑的评述,第四讲对于冯梦龙在其小说改编事业中所寄寓的时代性的道德和价值观念转折意识的讨论,第五、六讲对于从蒲松龄到鲁迅的文学写作中一路牵连下来的以志异和魔幻来"抗传统"和丰富传统的精神线索的探究,展卷通览,都有如处处胜景,让人在目不暇接中,接连获得种种新发现和新感触。

《心画》

[美] 卜寿珊著　皮佳佳译
北京大学出版社2017年11月出版

近年,有关"南画"的艺术史和艺术理论著作,在读书界渐渐升温。一段文人不仅通过写作,而且也通过绘画来寄托心志、表达思想情怀的历史,从不同角度、不同方式的叙述和展示中,重新清晰生动起来。这本副名为"中国文人画五百年"的《心画》,并非趁着眼下图书市场上的"南画"选题热赶场出炉的新书,而是40年前美国哈佛燕京学社出版的一本以博士论文为基础的学术专著的修订版。现在它首次以汉译版的形式来到我们面前,带来的知识和见解,却仍然充满新意。

许多类似名目的新出图书,都在用橱窗和展柜的结构,把各家各派的各路作品,摆进文人画演变的终端,也就是所谓"南画"的概念框架里,做静态的陈列。由此,容易给读者造成一种印象:似乎"南画"一开始就是一座高大上的殿堂,里面专门供奉已经修成正果的十八罗汉。当然这也不算错,因为如果依当下的眼光,那么无论多大纵深的历史传统,都蛮可以看成共时并存的一个平面。《心画》的做法与此截然相反。它虽然也依托了现代学者归纳的"文人画"概念（如滕固先生的说法：由士大夫而非画工，在闲暇时为表现自我而非实用目的，进行的风格有别于院体画的绘画创作），但并没有拘泥于概念本身，而是由此回溯相关的史实脉络，讲述了文人画从自在自发的现象到着意提倡的潮流，从单一走向丰富，从边缘转入中心，历经北宋、金、南宋、元、明前后五个多世纪的曲折演变，最终蔚然定型，升腾、凝练出涵盖整个中国画的南北宗理论的全部故事。

按照这个故事，文人画最初得以崛起为画风、画论中的醒目一派，不迟不早偏在北宋，既是作画者、持论者中的活跃分子苏轼的个人声望所致，更与入宋以后士人阶层首次有机会突破门阀垄断、跻身显贵集团，成为社会文化的定调者和支配者这一时代大变局相关。而在为"士人画"大张旗鼓申论立说的第一代人的说法里，即便是谈及同一位画家文与可的艺术修养，苏轼"道可致而不可求"的妙悟至上、才情为本之见，和黄庭坚"使胸中有数百卷书，便不愧文与可矣"的书卷气感慨，也显露着和而不同的旨趣。

南宋和金分据南北时期，隔绝学术文化交流上百年。金国文人全盘接受了北宋文人的文化艺术传统，南宋则大肆复兴画院，发展皇家艺术，沿袭五代和唐朝旧习。当13世纪中叶之后南北文化再度汇合、并落入对文人阶层压制益趋严厉的元朝统治下，长期流落南方民间的文人画，已经积淀起了在墨笔和兰梅竹菊、松石马匹等技法、题材上投入尤多的特征，跟保留着描摹山水习惯的北方文人画有了区别。但也正因为文人和文人文化遭遇整体贬低，在缝隙中求生存的"文人画"

收缩到隐逸含蓄和简率复古的小路上,取代诗歌,成为文人表达自己文化造诣的基本形式。赵孟頫和黄公望还抱着再释古典的态度,为南宋文人画里一度式微的山水画重启了生机。

这种文人画和院体画杂糅的潜流,后经明代吴、浙两派画家程度不同的推动,终于导致晚明董其昌所面对的艺术态势:文人画和院体画都脱离了创作者的社会身份和居处地域,也不再能够和题材、风格上特定取向相对应。于是,援古证今,反拨流俗,借禅宗南顿北渐之说,引唐代王维、李思训为宗,中国画南北宗分流发展的史论就此登场。其实际效果,并不仅在于对文人画精英地位的重新振拔,更重要的,是阐明了士人阶层尊崇个性创造的精神对整个中国艺术史和文化史的关键推动作用。

《文学理论》

[美]保罗·H.弗莱著 吕黎译
北京联合出版公司2017年12月出版

耶鲁大学公开课讲义系列的中译本已经出了六七种,在数学、哲学、政治学、金融学、心理学、经济学、社会学之后,姗姗来迟的《文学理论》总算面世了。作者保罗·H.弗莱是耶鲁大学英美文学系讲座教授、英国浪漫主义诗歌研究专家,书稿底本来自他2009年春季学期在耶鲁大学讲授公开课"文学300"现场录音的文字整理版。

全书依26个课时分为26章。其中,导论两章,介绍文学理论的"前史"和兴起及功能。之后24章,归在"对阐释和阅读的第一组反思""文本和结构""作者(读者)心理""社会语境""反对理论与支持理论"五个主题下。另有两个附录,一个是与各章对应的理论原著引文句段摘选——"讲座上引用的段落",另一个是作者的助手、比较文学研究者斯蒂芬·埃斯波西托写的一篇经典文论导读长文《阐释的种类:文学理论延伸阅读指南》。

与以往多见的国内外文论讲义类读物不同,这本《文学理论》在篇章体例上彻底摈除了叠床架屋、层层切割的教科书套路。中药铺式的名词术语小抽屉,俄罗斯套娃式的理论标签迷彩妆,统统不见踪迹。取而代之的,是26章从头到尾一气呵成,带着确定、清晰的自我意识和连贯、畅达的认知理路,对各路理论既纵观通览、又细读详解的总体把握。在这种把握中,横向的关联牵涉,历时性的来龙去脉,都得到了精要的揭示。尽管这门课和这本书都只是设定在文学专业本科生基础课的层次,但它对知识的呈现,不是浮皮潦草的泛泛介绍,更不是零敲碎打的散乱杂凑,而是浑然一体的有机梳理和始终保持着独立视点的系统阐发。

此外,从聚焦阐释学和现象学的第一个主题开始,直到包含了美国非裔批评、后殖民批判、酷儿理论以及文学研究的制度建构等理论跨界新范畴的第四、五个主题,书中知识面的延展,都是紧随着解析理论的实际需要,不以文学的边界为限。比如对于阐释学传统迁延轨迹的勾勒:因宗教改革兴起,又在宪政时代从宗教转向法律,再借浪漫主义高涨之机,才最终介入文学。又如讨论审美对象的非功利性时,书里接连引述了康德《判断力批判》中辨析"愉快""善"和"欲求"以及"趣味"的两段话。

这些也许看起来不那么轻松的内容,把文学理论的根,一举刨到了文学圈以外的社会历史土壤中。论比重,它们只占全书的极小部分,但它们像肌体中的血脉筋络一样,证明着文学理论的活力源泉总在世界的深广处。

《散文是同亲人谈心》

阎纲著　民主与建设出版社 2017 年 10 月出版

上世纪 90 年代初，文化散文和学者散文兴起为潮流，至今已有将近 30 年。其中，带着文学批评家的职业身份进行散文创作的一脉，相形之下，一直显得格外低调。也许是因为文学批评离文学创作太近，以至常被比成裁判和运动员的关系，所以作者不得不刻意避嫌、不事张扬。也许恰好相反，因为文学批评向来倚仗理性和规矩、文学创作却特别推重才情和创意，所以批评家的跨界行动并不容易得到作家们心悦诚服的赞赏。阎纲先生的散文，既出现在这一潮流中，又超逸于这一潮流。用他自己的话说："我写散文是因为散文找我"，是陷入生离死别的巨大悲痛和刻骨反省之际，灵魂深处感受到了散文在叩门。

如今，"散文是同亲人谈心"这句话，作为他第十五本散文杂感集的书名，被赫然标举出来，既贴切地涵盖了全书所收篇章的文风，又响亮地回应了当初散文对他的叩问。换作文学批评术语，这也正可称为阎纲散文的文体观。凝聚在这种文体观里的，是不跟读者见外，也不愿多做矫饰，更不随便拉扯些虚头巴脑的流行话题和应景材料来凑数的写作态度。

书中三辑中的第一辑《老家的门墩石》《和父亲猴年说猫》《孤魂无主》《我的邻居吴冠中》等11篇，聚焦于人，着力于情。亲人、友人、邻人的音容笑貌和素常起居，以及社会众生相中的世态人心，尽显在作者爽直的话语中。第二辑《我的文学承诺》《"羊肉泡馍"传奇》《雨中峨眉》《三书友QQ人生》《作家与稿费》等25篇，内审己、外观物，论理和纪游纷呈，静思和行踪并现。第三辑《〈废都〉第215页》《送平凹下乡——排场！》《不说"别了"，说"再见！"》等19篇，长短不一，体例各异，涉古而及今，议论且叙述，可都同样瞄准了文坛：品析创作、针砭现象、点评事件、关切风气。眼光和谈锋虽一律向外，袒露出的却是作者个人的性情和襟怀。

合观第二、三两辑，一部具体而微的个人文学生活小史清晰可辨。映衬其后的跨世纪前后这二三十年的社会风云变迁，倏忽间竟已带上了一层旷远的陌生感。

《巴黎文学地图》

[美] 迈克·杰拉德著　齐林涛、王淼译
上海交通大学出版社 2017 年 10 月出版

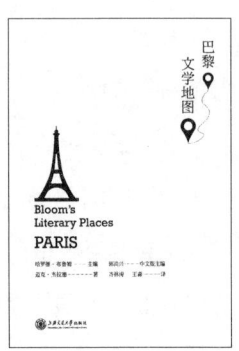

　　这是美国文论家哈罗德·布鲁姆主编的"文学地图"系列丛书中的一本。继 6 年前首出平装中译本之后，最近又精装再版。除了巴黎，呈现在丛书其余 5 本中的文学名城，还有纽约、伦敦、圣彼得堡、都柏林和罗马。不过，按照主编布鲁姆在总序中的看法，这几座今天很多人都以为当仁不让必属西方文学耀眼地标的城市，都只是远远地折射着真正的西方文学圣地——古埃及亚历山大城的一点精神和心灵的余光罢了。"所有的艺术上有所造诣的西方作家，在某种意义上，都是亚历山大人，无论他们是否意识到。"而之所以如此，皆因亚历山大城曾兼收并蓄地将古希腊和古希伯来的多重文化全面融合，成就了自己的绝代风华。

　　斗转星移，沧海桑田，城市和城市文化的起落兴衰势不可挡，文学托庇于城市所特有的包容、开放而得以繁荣发展的历史规律，却始终如一。甚至连田园诗这样的文学体裁，依布鲁姆的知识判断，也非得在城市才能成型，虽然它的素材完全可以积累于乡野。城市之于文学,并不只是偶然相遇或天然落生之地,而是类似整体之于部分、主干之于枝叶的关系。

整套丛书里,《巴黎文学地图》对布鲁姆的这种城市文学观,可谓凸显得最为分明、印证得最为忠实。全书9章——今日巴黎、百年盛世、启蒙时代、大革命时期、复辟时期、法兰西第二帝国时期、法兰西第三共和国和20世纪初期、两次世界大战期间、德国占领和新浪潮运动时期,按先总后分、顺时而下的次序,排开寻常文学史叙述的架构。从开始历时性讲述的第二章起,每章都分节介绍当时巴黎文坛的重要作家,如百年盛世时期的拉伯雷、莫里哀、拉封丹,启蒙时代的伏尔泰、孟德斯鸠、狄德罗,复辟时期的司汤达、巴尔扎克、雨果、大仲马和小仲马、乔治桑,第二帝国时期的波德莱尔、奈瓦尔、福楼拜,第三共和国到20世纪初期的莫泊桑、左拉、法郎士、王尔德、纪德、普鲁斯特,两次大战时期的海明威、乔伊斯、乔治·西梅翁、乔治·奥威尔,德占时期和新浪潮运动中的萨特、波伏娃、尤内斯库、"垮掉的一代"作家群等。

表面上,这与文学史教科书的格局无异。但安心细读,就会知道:这是一本与教科书截然不同的有趣味、有新意的书。它以四两拨千斤的巧劲,把教条化了的文学史重新释放回到了鲜活的历史时空中。书中写到的各时代作家,真正土生土长的巴黎人并不居多数,英美以至非裔作家也大有人在。巴黎对于这些作家,首先是滋养身心的一片风土、激发创作的一间工场,而不一定非得是籍贯意义上的故乡。也正因为能够源源不断地吸引着四面八方作家来而复去、聚而复散,巴黎才有了一幅气脉生动、细节丰富的文学地图,这幅地图也才舒展得日益宽广。

《古诗十九首初探》

马茂元著　北京商务印书馆 2017 年 11 月出版

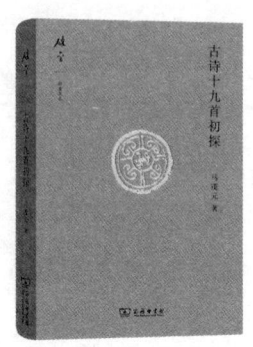

马茂元先生写的《古诗十九首初探》是一本内容瓷实而又笔法明快的好书。从书中作者 1980 年 3 月所作的后记可知，这原是 1956 年春作者利用两个月的业余时间写成的，1957 年 6 月由作家出版社初版，并印过两次。1980 年又由陕西人民出版社再版，同时在修订初版的基础上，新增了历代有关古诗十九首的论述辑要，名为"集评"。最近新出的这一版，虽列在"碎金文丛"的标识下，但与文丛中其他几册大家小书一样，行文有如小品般灵动、平易，处理的问题却绝不简单、轻松。相反，说是关乎宏旨也不为过。

源出昭明太子萧统主编《文选》的古诗十九首，上承诗经、楚辞、乐府，下启建安文学，流风遗韵贯穿南北朝、隋唐及之后历代诗歌。但读一般简注本的古诗十九首，往往只能让我们注意到它字面上弥漫着如泣如诉的一股哀怨气息，修辞技巧上则反复呈现出风、骚式的比兴迹象。以孔子所谓"兴""观""群""怨"的诗教论来估量，古诗十九首似乎只是传承和体现了"怨"和"比"这两端的一组剑走偏锋之作。如果真是这样，那么纵使古诗十九首在文学史或诗歌史上确居一时代的主脉地位，这主脉的走向摆在整个中国文学史和诗歌史的大背景中，也是旁逸斜出的。《古诗十九首初探》用它清通坚实的近60页的前言总论，和注释、说明点面结合的140余页逐首细析，不仅彻底排除了这种误解，更系统深入地梳理、开掘了古诗十九首在兴观群怨各个层次、各个维度上的丰富内涵和完整脉络。

在考辨判明古诗十九首产生于东汉末期，其作者并非一人，而是失记佚名的不同文人之后，针对古诗十九首总体上流露的忧伤愤激以至空虚妄诞、及时行乐情调，作者特别指出："这类思想是庸俗而粗野的，它的气质是浪漫而颓废的，但其中却蕴藏着一种现实的、积极的因素。"而这种现实，则直接关联到东汉王朝为加强统治兴办太学、大举养士，一方面激发了逐猎名利、糜集帝都的士林风尚，一方面也催生了卖官鬻爵、贿赂公行的社会土壤。大批乱世失意之士的羁旅愁绪，与动荡年代社会阶层急剧分化的惨淡现实，正好镜像互映、内呼外应，契合、熔铸起来，形成独具时代风貌的诗体。古诗十九首也因此在刻画社会现实和表现精神世界两个方向上，都迸放出了夺目光彩和深切力道。

这些概论，在详细解释部分，都一一贯彻、印证到了具体篇目中。如《青青陵上柏》面对都城洛阳景象的冷眼旁观和自嘲感伤，《行行重行行》以思妇词拟写"生别离"的凄楚情怀，《迢迢牵牛星》托譬牵牛、织女二星座，对爱情悲剧的生动敷演，经作者与上起刘勰、锺嵘，下至王国维、朱自清等历代注家论者观点的推究对话，以及精确到每行每句和每一出典、每一歧异讹夺字眼的考订辨析,都变得通透亲切,既复原了古文辞的细微神韵,又揭示了这十九首诗历久弥新、直击世道人心的不朽艺术魅力。类似这样化腐朽为神奇的解诗、论诗的诚恳之作,尽管作者自谦为"初探",依作者在书后所说,本来还打算再探索,另著新书,却终未实现,不免遗憾,但仅到这"初探"的程度,也足可以经典相称了。

《亚洲史概说》

[日]宫崎市定著　谢辰译
民主与建设出版社 2017 年 11 月出版

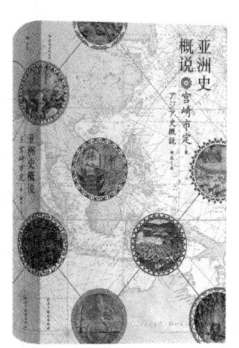

鲁迅有言："籍贯之都鄙，固不能定本人之功罪，居处的文陋，却也影响于作家的神情。"其实，何止作家？学者治学，在精神气度和思想方法上受自己成长、居住环境的影响，也同样很显著。只不过，这影响并不见得总是正向投影式的，反向的激发也时有所现。近年接连有多部著作译介到中国的日本史学名家宫崎市定（1901—1995），就可谓从自己遭逢的社会和时代环境中获取反作用力、进而赢得不凡成就的一位突出典型。

新近推出中译版的这本《亚洲史概说》，其日文原著的问世，远在作者另一部早有中译本的名著《中国史》之前。除第八章《现代亚洲史》是全书 1973 年合集再版时增补的，书中的主体部分也就是前 7 章，早在 1947 年、1948 年就以正编、续编两册的形式刊行过。论学思观点的成型时间，《亚洲史概说》无疑称得上是作者漫长著述生涯上的起步之作。但尽管如此，今天展读这部出自 70 年前日本一名学界新秀之手的著作，许多论述和见地却丝毫不显陈腐，反倒处处挟带着发人深省的新意。

而最醒目的，则是全书伸展开的宏阔、深广的知识与思想视野。书前的作者介绍把宫崎市定派定为京都学派的第二代代表人物。他师承所自的内藤湖南、桑原骘藏，也确是京都学派创始大将。但在《亚洲史概说》《中国史》等著作里，宫崎市定所展现的大叙事气派，特别是始终坚持在全球史和世界一体的视角下把握材料、提炼议题、建构学说的认知逻辑，完全超越了拘于精细考证的京都学派传统的路数和境界。对此，或许应该反过来讲，宫崎市定著书立说的这种大视野、大气派，正是从日本相对单一的文化肌质深处和京都学派过分精致的学理思维基础上，以入乎其内出乎其外、既扬且弃的态度和方式，发展起来的。

具体落实在《亚洲史概说》中，作者用以确立的他这种跨国视野和整体叙事的，并不是空洞的理念标签，而是翔切生动的史实归纳和知识推演。尤其值得从当下许多人文学者和作家共同关注的民族、国家问题的视域去多加留意的，是他紧紧抓住了一条民族精神与国家形态相互关联、相互影响、相互制约、相互塑造的历史线索。从城邦和氏族两种社会形态分别演进出两类国家，前者世界主义取向和文化自尊意识较强，后者民族意识蓬勃且更具经营国家事业的热情。在随后国际竞争持久不歇的历史悠久进程中，民族意识的起落消长和离合聚散，对于国家政治、经济、社会、文化各领域的影响，不但未曾削弱，反见益趋强化和复杂化。

按照这样一种理解，中国周边各民族在唐代之后逐渐乘着民族主义兴盛的潮流，开始自觉致力政治自立。汉族的民族意识觉醒，却迟至宋代才达到了促成民族统一的高度。明朝实行专制统治，严重消磨了汉人的民族精神，导致社会实质上陷于全面分裂。这正为清朝建政后，汉人的民族主义被彻底压服，以及清末的社会政治革命一度又以民族主义旗帜相号召，准备了历史的前情。与此类似理路的探讨和叙述，在《亚洲史概说》中，同等细致、同等深入地涵括了日本、印度、伊朗等东亚、南亚、西亚各国各民族。历史考察的时间跨度，也同样从远古文化黎明时期，经上古、近世、最近世，一路延展到了20世纪以降的现代。

在所有这些探讨和叙述中，欧洲并没有被当作遥远的异域或刻板、生分的他者，悬置或搁浅在外。相反，正像后来在《中国史》里所做的那样，欧洲总是作为鲜活有机的知识和事实参照，随时牵涉、映衬在亚洲史的每一帧画面、每一个关键细节之中。用宫崎市定本人的话来讲，这么做不仅是因为欧亚大陆实际上同为一个地理板块，存在着畅达交通和密切交流的历史事实，而且更因为欧洲史早已雄踞世界史的高位，亚洲史却仿佛还停留在地方史和乡土史的低处，要想消除和改变这种不平等，与其滔滔论理，不如默默实证。

《北京的隐秘角落》

陆波著　社会科学文献出版社 2018 年 1 月出版

《北京的隐秘角落》是"腾讯·大家"专栏"北京的隐秘路径"开设两年来的作品合集。依作者自序所述，书中文稿大体包括两类，一是通过考察北京城隐秘角落的文物遗存，来挖掘和畅想与之有因缘关联的血肉人生，二是借由追寻地标古建或市镇街区沧海桑田、物换星移的变迁踪迹，展现北京作为生活和思想双重空间的历史纵深。事实上，通读全书，会感觉到以上两方面内容并没有分列在不同的篇目中。书中所收的 20 篇作品，大多糅合着从物质和文献遗存发掘世情人性、又从具体的人生遭逢推展出时代性的精神风习这样的思路和文脉。

如《姚广孝，庆寿寺双塔下的过客高僧》《一代国师，怎落得大清国内无人睬》，对于辗转在皇权和佛法两界的明人姚广孝和清朝迦陵和尚的行迹与心态的刻画、评述；又如《一位皇后生前身后的信仰依靠》《把一辈子活成了阴影的悲剧皇后》，对于明万历皇帝的母亲李太后热心供佛礼佛，不断出资修建寺庙、印制佛经，以及清末隆裕皇后空负着尊贵的家世背景和显赫的个人身份，大半生像一抹阴影似地幽居深宫、自甘落寞，这两种外在做派截然不同、但内心的本分善良却如出一撤的官廷女性的活法，所作的史料钩沉和心理分析，都不仅在写作方式上显现出了用直观可感的一座建筑或一片建筑空间，来辐射和归集人事铺陈的共同特点，而且反过来，也收到了用推陈出新的述史和独具眼识的论史，赋予古旧的历史建筑或建筑空间全新含义和全新况味的效果。

在《明末乱世中，居然有这么两个说走就走的文青》《两位退翁先生与樱桃沟的陈年旧事》《京城荒僻处，隐藏着跨越了六百年的国宝级文物》《明清两代大太监的一种奇异传承》《一槐一柏一柳树，一座七百四十年古镇的守望》等篇中，"北京的隐秘角落"这一主题里的"隐秘"，指向了长期被有意无意地遗忘、忽视或遮蔽了的城市文化史上的某些片断和侧面。由此，北京城市地理志的经典之作《帝京景物略》的两位著者刘侗、于奕正，一反在别处通常是只露其名而不显其行的符号化状态，在书中得以登场亮相，呈现他们生逢乱世而散澹自持、以无为之心行有为之事的处世风度。同一条樱桃沟，穿越新旧两个时代，历经同以"退翁"为号、生平遭逢和人格境界既异中见同又同中有异的两位主人的开垦、营造，而一路迤逦变幻，出落为今天面目的一段离奇故事，也才在书中完整道出。

相形之下，令人倍加感慨的，是书中以整整两个篇章，详细梳理了明清两代太监群体中的一批权贵人物，对如今尚广有遗存的京城西部和西北部以至老城区内的大量寺庙道观，都有兴建、维护之功的一段史实。并且，在直面北京城市文化史上客观存在的这一页之余，作者还深切地揭示了它背后隐含的文化机理：社会畸零者更需要寻求、建构自己的精神归宿，同时也会为此形成更急迫、更执著的实践意志和实践激情。

《北京的隐秘角落》里的各篇最初都是为在线发表和网络阅读而写的。但它形式上的那份别致和内涵上的一层厚重，也许只有在合为一个整体、出版成一本纸质书之后，才能被读者以细读的方式慢慢感知。20世纪90年代在文坛风行起来的文化散文，侯仁之先生在历史地理学领域开创的北京城市历史地理研究，都和它有一眼能够看得出来的形神两面的密切关联。但它坚守在从世俗和佛教、社会中心和社会边际交互对观的视角上，致力于发现更具全景意义的历史本相、表达更具人性温暖的深度关怀，这样的写作姿态，已经足够跟它所依托的知识基础和文学背景拉开距离。期待它的续篇在提炼更精粹的标题、锻造更风格化的措辞、保持个人意识鲜活灵动的行文穿插等方面，做得愈加自如妥帖。

《与尼采一起生活》

[美]罗伯特·C.所罗门著 郝苑译
生活·读书·新知三联书店2018年1月出版

尼采其人其文进入汉语世界,至今已逾115年。如果有谁说,整个中国近现代文学和文化的发展进程中,贯穿着一部接连不断的尼采接受史,那一点也不为过。但正如这本《与尼采一起生活》的作者、美国当代著名的哲学家尤其是尼采研究名家——罗伯特·C.所罗门(Robert C. Solomon, 1942—2007)所说,在流行已久的文化言论中,尼采常是作为痴迷权力、喜好残酷、对自我和他人的苦难一概持嘲弄态度的反常者和叛逆者的榜样而出现的,"他为人们提供了一个借口来谈论不道德的、冒犯宗教的、亵渎神圣的东西"。

而作者在这本书里所要做的,就是用正面的立论、阐释,对此予以彻底的辩白和澄清。全书8个部分,包括方法论和概论性质的导言与逐层申论的7章。在导言中,作者把尼采的哲学从原则性和普遍化的伦理理论的领地,释放到了个体生存论的道德哲学情境中。依作者看来,"尼采最重要的美德是,他不会否认残酷的现实或人类的悲剧,相反,他会越过我们的苦难去直视生命本身的奇迹。"这里所谓的"越过",首先是肯定和接纳,然后才是超越其上,与普遍化和原则性的伦理学高调的凌空抽象根本不同。基于这一出发点,在第一章中,作者特别探究了尼采从主奴两种道德的区分推展开的道德批判。它表面上是以尼采自己所定义的那种起于怨恨的奴隶道德作为靶子,实际上瞄准了一切"大写的道德"。这种批判思路,在第二章中,被归结为与康德式的功利主义伦理学在方法立场上直接对立的"尼采的道德视角主义"。

题为"尼采的激情"的第三章,或许会受到很多作家和艺术家读者的由衷欢迎,因为这一章着力搜集和阐释了尼采碾平情感与理性之间古老疆界的种种观点。情感不但不是非理性的,而且情感本身就具备合理性。甚至,合理性实质上也只是由情感汇聚而成,或者干脆就是情感的衍生物。按照尼采本人的这种认识逻辑,谁要把他称为"非理性主义者",那就不仅仅是荒谬,而且还落到了恰好该遭他所持的这柄激情合成的理性批判之锤猛击的境地。在正视和重视激情对于生命价值的重要支撑作用这一点上,尼采和西方历史上公认最伟大的理性主义者柏拉图、笛卡尔、斯宾诺莎、康德,完全处于同一队列。

而在进一步辨析情感的深层形态及其作用机制方面,尼采又预见了弗洛伊德的心灵地形学理论,即精神分析学的自我意识结构图式。但尼采的独特和可贵之处,是他绝不在单一视角下的肯定认识上止步。对于类似弗洛伊德的"本我"或"无意识"那样的深层情感,他同样抱有冷静的怀疑,并且因此而"无意识里的自我欺骗"归结到情感或动机之外的范畴,以至得出一种莫比乌斯环式的判断:深层情感的内核其实就是深刻的见解。

第四章"尼采论怨恨、爱与同情"和第五章"尼采的肯定的伦理学",细化了前三章中关键观点的讨论。第六章"尼采的美德:他会怎样塑造我们?"罗列、解析了尼采的论学著作和人生实践中表露过的各项美德。第七章"尼采的存在主义"把尼采的道德主张和哲学思考,放在存在主义的理念镜像中,进行审视和归纳。这些显然更琐细、也更烧脑的内容,和前面几章明快得多的有趣讨论一样,值得细读深思。

《卡夫卡谜题》

张锐锋著　广西师范大学出版社 2018 年 2 月出版

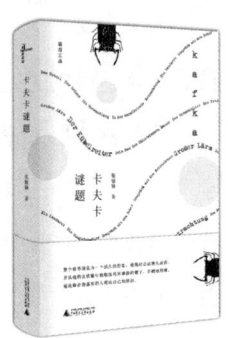

最初在 5 年前以片断刊发和整集出版的方式同时问世的《卡夫卡谜题》，是作者创作道路上的一个醒目标记，它使得已持续二十多年的"新散文"探索，在文体形态上又显现出了新取向和新风貌。

原先在"新散文"中发展得很强势也很摇曳多姿的作者一个人的声音和一个人的形象，到这里从单数变成了复数，从一个腔调的变化、一个视点的游弋，变成了双声对话、复调错杂。相应地，作品中展示的内容及其形式架构，也从单线单边的推进和累积，转向了双曲线式的对称延展和交互关联。

87 个主题引领 87 篇笔记，如星辰在天、灯火在野，虽只是点点微光，却照样驱散满目漆黑，把一派夜色辉映得光亮可人、清晰可辨，并且也暖意十足。恰如作者在书前自序中所说："我陆续阅读卡夫卡的各种作品，包括他的书信和日记。有时也做一些凌乱的笔记。我是一个树林里的打柴人，将收集的柴火堆放在一起，并在带着斑点的一片阳光里捆紧了我的柴捆。我知道，冬天用来取暖的火焰就藏在这些枝条不太规则的形象里。"

卡夫卡在这里是否显出了真身？卡夫卡的各类作品在这里是否得到了彻解？一句话，卡夫卡作品的字面和文思里贯穿、隐含的谜题，在这里是否都揭开了谜底？这些问题，都与《卡夫卡谜题》有关，也都有理由在读完《卡夫卡谜题》全书之后再作省思。但《卡夫卡谜题》作为一部文学作品的关键价值，归根结底并不在此。

卡夫卡和他创造的文学世界，之所以成为一个谜面，或者说卡夫卡的每一篇作品之所以都成了一个谜题，关键在于接受和解读他的"我"对自己深陷其中的写作习惯和话语模式产生了不满和警觉。这是卡卡夫的作品成了"我"意识中的一片树林，而"我"则扮演起樵夫的角色，穿行林中、四下踅摸，一心一念要在这儿打些柴禾，以备御寒过冬之用的全部原因。卡夫卡谜题的成立和破解，都以这一原因为前提。

在文学表达和文学思维上还没有匮乏感和警觉心的人，不会意识到卡夫卡谜题的存在，也不会发现作者在《卡夫卡谜题》里所发现的一切。反过来讲，《卡夫卡谜题》在文本生成的意义上最要紧的一点价值，就体现在它把一位本已非常熟练的写作者重新拉回了感受世界和表现这些感受的起点状态。在这个起点上，作者和作者理解的卡夫卡，以及作者用以表达他这种理解的文体，都一起再度出发，踏上了新的里程。

《中国思想史》

[法] 程艾蓝著 冬一、戎恒颖译
河南大学出版社 2018 年 3 月出版

在文化和文学多边越境、相互穿梭的"走出去"已经成为客观常态,而不再是一种悬空的想法或者待定的选择的当今时代,比以往更加深入细致地认识和理解外部世界的需要,变得前所未有地迫切起来。

不过,我们常常把这种需要简单化地处理成单纯的"知彼"。尤其是在"知彼"本身已经很繁难的情形下,确实很容易在求知过程中,淡忘了"知彼"的初心仍是为了更好地"知己",特别是为了更好地把握住我们自己与各种"彼"的力量相处和交涉时的立场、姿态和做派。换句话说,在认识他者已成为当务之急的特定时刻,与其慢慢去了解别人生活的一般状况是怎样的,不如首先了解别人是如何认识和理解我们的。很明显,后一方面,可能会更直接、更有力地决定着别人面对我们所思所想和所作所为的可能取向。

法兰西公学院中国思想史讲席教授程艾蓝(1955—)所著的这部《中国思想史》,可谓一部足以鲜明凸显"他者"视域特色的"我们的思想史"。作者是生于巴黎的华裔女性,生活、成长和受教育的主要地点和从教治学的职业背景,都在法国,但至亲家属又曾多居中国。上世纪70年代末、80年代初,国内思想学术的第二个春天来临之际,她一度就读于复旦大学,对当时中国人文学术乍暖还寒的社会际遇以及中国思想史、中国哲学史等领域学思理念和治学逻辑初现的新陈代谢气象,有过切近的感受。这些相对于我们既有"己"的一面、又有"彼"的一面,既包含着内在于我们的某种视角和意识,更呈现着远在我们以外的欧洲知识和欧洲思想的参照和根基的复杂体验,为这部中译本厚达800多页的《中国思想史》注入了独特的冲击力和感染力。

以全书逾46万的汉语字数来看,上下四千多年中国思想流变全程的承载量,显然是非得用巧劲儿才能挑得起并且挑得稳的一副重担。在这点上,作者不但没有采用某些小马拉大车的简编本大叙事著作所常用的减法加工,相反,还坚持对中国思想史展开历史序列完整的全景观照。全书6编22章,从勾勒商周文化和孔墨学说的"中国思想的古代基础"开篇,继而聚焦庄子、孟子、老子、荀子、法家、阴阳家、《易经》的"战国时期的自由交流",再到梳理两汉思想汇流和分蘖的"遗产的修整",进而延伸到探究南北朝至隋唐"巨大的佛教震撼",以及宋元明持续6个世纪对佛教冲击既迎且拒的"融佛后的中国思想"态势的分析,最后归结到清朝至20世纪"近现代思想的形成"。

所有在寻常有关中国思想史的著作里被提及的重要人物、重要文献和重要现象,在这里都无一遗漏得到了关注。不同的是,熟悉的论题细节和文献个案,在此形成了不少迥异于国内通行的思想史著作的匹配和诠释，而支撑其后的，则是一直在依着其自身的学术传统和文献基础不断发展变化的欧洲汉学的总体知识脉络。

按照作者为中译本特地写的弁言所述："摆在中文读者面前的这本书，既是一部从上古至现代的中国思想史，也是作者中国和欧洲双重文化身份造就的对这段历史既内又外的解读。"事实上，从作者自感是"既内又外"的解读中显露出来的"外"的一面，尽管带着些微或许是由多番转译所致的征引史料文献的无意疏失，但总的看起来还是神完气足、活力四射，满含着激发人思考的知识趣味和精神能量。而这，很可能就是这部著作经汉译而回转到中国的最大意义和最可贵价值。

《通向哲学的后楼梯》

[德]威廉·魏施德著　李文潮译

民主与建设出版社 2018 年 4 月出版

这是一本经典之作。它的德语原版出版于 1966 年，最初的简体中文译本出版于 20 年前的 1998 年。用书前叶秀山先生写的导读文章里的说法，它属于通俗化的哲学史著作。哲学知识和哲学的历史变迁，本来是很难普及的，因为谈哲学总离不开一连串的专门概念和理论范畴。只要这些硬邦邦、冷冰冰的概念、范畴一露面，寻常的读者大众多半都得望而却步，就算硬着头皮往里扎，撑不了太久，就得晕头转向，如堕五里雾中。但《通向哲学的后楼梯》把哲学史的普及化这件极有难度的事，做得很轻松，也很成功。

书中首尾呼应的一篇与书名同题的序言和一篇题为"上楼和下楼"的结束语，算是作者在跟读者直接打招呼。它们一方面，交待了书名的寓意——不走庄严、辉煌的正门，从素朴、家常的后楼梯取道，也照样能进入哲学的厅堂；另一方面，也向读者推荐了一种面对和体验哲学知识的新态度：不把哲学一味地往高耸、玄奥里看，而是在高看和深看之后，还要把哲学放到低处和近处，与日常生活现实关联起来细看。

对这样的态度，全书32篇正文，真可谓毫不耽搁、立竿见影的现场见证。恰如书名副题"34位哲学家的思想和生平"所示，出现在书中的34位哲学家，像路标又像里程碑，把西方哲学从古典时期到中世纪、再到文艺复兴和近现代的各个历史阶段，都做了精准的时空定位和个人化的情境再现。《泰勒斯 哲学的诞生》《巴门尼德与赫拉克利特 相反的孪生子》《苏格拉底 烦人的提问》《柏拉图 哲学之爱》《亚里士多德 见过世面的哲学家》《伊壁鸠鲁与芝诺 无义务的幸福与不幸福的责任》《普罗提诺 迷狂者》各篇，铺陈出为西方哲学世界开天辟地的古圣先贤们上下四方的求索历程。《奥古斯丁 浪子回头》《安塞尔谟 上帝存在证明》《托马斯·阿奎那 经过宗教洗礼的理性》《埃克哈特 上帝即非上帝》《库萨的尼古拉 有关上帝的名词汇编》几篇，刻画出经院哲学家们从倔强的苦斗走向大胆突围的精神踪迹。

对当代读者，无疑显得更加亲切的这些篇章——《笛卡尔 戴面具的哲学家》《帕斯卡尔 钉在十字架上的理性》《斯宾诺莎 封锁真理》《莱布尼茨 有趣的单子拼盘游戏》《伏尔泰 陷入困境的理性》《卢梭 感情型哲学家的不幸》《康德 准时的哲学》《黑格尔 世界精神的化身》《克尔凯郭尔 上帝的间谍》《费尔巴哈 人创造了上帝》《马克思 现实的反抗》《雅斯贝尔斯 有益的失败》《罗素 哲学即抗议》《维特根斯坦 哲学的没落》，则把在一般史册中早已凝固、浓缩为抽象术语和体系化知识的西方近现代哲学进程，重新复原成了一个个哲学家与其人生道路上的种种关键时刻不期而遇的神奇故事。

《陇中手艺》

阎海军著　北京大学出版社 2018 年 4 月出版

340 余页的篇幅，25 篇采访记，100 多幅实物、实景的照片配图，整本全彩印制。从如此琳琅满目而又缤纷多彩的阵势里，凸显出的是：古来素以生计寒苦著称的陇中大地上，25 种传统悠久的民间手艺如今仍然保持着生机和活力的一派生动情状。

浆水、草缏、绣花、剪纸、春叶、烙画、推烟、织匠、毡匠、木匠、木活、修庙、捏兽、砖雕、竹编、倒铧、铁匠、石匠、皮匠、画匠、纸火、吹匠、阴阳、皮影、制陶，说是 25 种手艺，分成 25 篇讲述。实际上，以手艺本身的技能来看，不同种类之间也有所重叠。如春叶，其实是专门用来装饰房舍廊檐的一种剪纸。烙画是用烙铁在木板上创作人物画或风景画。而画匠，在书中特指给棺木绘装饰图案的匠人。木匠一篇，讲的是用数控机床批量制作木质工艺品的一位木匠师傅革新创业的故事。木活篇里，说的则是做农具、家具和盖房子时架梁、立柱、顶檩、排椽子等乡间传统的实用木工活。

书中各篇采访记，都聚焦于一位民间手艺人，让具体的人生履历与一门民间手艺的辈辈传承和演变、发展,糅合成一段段可以反复讲述、也可以长久品味的真实故事。注重这些老手艺的技能绝活的读者,可以从中看出匠心巧思。留意老手艺的市场出路的读者,可以从中借取生意经。对乡土社会和乡村生活有怀想之心,却没有近距离的深切感受机会的读者,从这些老手艺伴随着老手艺人常年甚至毕生的执著坚守,一路风尘延续至今的沧桑曲折中,想必更会感受到一种隐忍而又笃定的人生风范的魅力。

不需要凭着太丰富的乡村生活经验,也能判断出记述在这本《陇中手艺》的一些手艺,并不是陇中特有的。这丝毫不会减损这本书的意义和这些手艺的价值。相反,这正说明陇中乡间文化既古老悠久又深沉广阔。其影响之辽远、根脉之强韧,绝不能被它物质表象层面的贫瘠和艰苦所轻易掩盖。

就这一点讲,《陇中手艺》把在古老的手艺交给新时代的手艺人、把历史的影子投射进当下的生活情境、把一个地方的风物人情勾连在外面世界恒久持续的大变迁的背景中,这样的写法,其实也是一种"手艺"的创变。它把以往局限在新闻写作中的长镜头式的大叙事手段,楔入了流行的非虚构和传统的纪实,使得"陇中手艺"保持住了原汁原味,更散发出了不拘滞于乡邦文献式的小叙述格局的几许弘放气息。

《张恨水传》

解玺璋著　北京十月文艺出版社 2018 年 6 月出版

对于长期以来被誉为中国现代文坛上最高产作家的张恨水,当代的传记写作向来不曾怠慢。张恨水的生平材料和研究文献,也一直有人在用心搜集、不断整理。从今天还易见的早些年海内外出版的三部张恨水传来看,传主的生活和创作经历固然已得到了大体一致的完整展示,但人事往来的细节记载和重要创作的前因后果,还呈现着不少歧异和出入。

而比这更要紧的是,这些传记叙述中的张恨水,整个的形象、神情还湮没在旧时代旧话语的气息里。作为一个文学和社会史上的独特人物,张恨水还未能鲜明地从这些传记中树立起他自己的人格坐标,进而让今天的读者能够从拉开时空间距的方位上,既遥望他,又走近他,既用新的价值尺度衡量他,又依着历史的境遇同情他。

解玺璋的新著《张恨水传》,积 7 年资料考订之功,澄清、明辨了以往有关张恨水生平的许多讹传,更在传记写作基于史实而成于史识的方面,做了稳扎稳打、推陈出新的尝试。全书 20 章,起于"家世",

终于"晚景",中经"早教""求学""漂泊""生计""婚姻""成名""西游""南迁"等历述传主关键遭逢的18章,一线纵贯,脉络清晰。其中,尤值得注意的,是纵贯加横切、叙述带评议的几章:"圈子""帽子"和穿插连续的"报人"(上)(中)(下),以及"横祸"。

"圈子"一章里,经历了家道中落、求学受挫、谋生无着一连串苦闷曲折的青年张恨水,终于得到郝耕仁、张楚萍、张东野等朋友、族亲的引领和帮衬,踏上了以报人为业、以写作为生的道路,并且维持终生,其间的人情原委和社会成因,在夹叙夹议的梳理中,得到了周详的交待。"帽子"一章,则把在文坛成名后的张恨水推向了中国新文学和新文化发展流变的全景。

相对于张恨水个人的文学世界和思想天地,似近而实远的所谓"鸳鸯蝴蝶派",过于宏大和威严的新旧文化的观念冲突、革命文学和文艺大众化的理论潮流,一方面是同时代的生动存在,一方面又确实是非属同一文化层次、同一价值谱系的外物。条分缕析的叙述中,好看的或吓人的"帽子",终究也只是"帽子";张恨水自有远非任何一顶"帽子"可以覆盖或代表的面目、情怀和小小的追求,这两层意思都说得明明白白。

"报人"三章,以细密的事实和文献,还张恨水是报人而非作家的职业本色。与一般只靠职业赚一份薪水的作家不同,张恨水长达30年的报人生涯,贯穿了把办报当作一项事业来坚守和追求的执著。从写通讯到编副刊、再到执掌报务,从乱世中奉行不谈大问题、不批评大人物、不研究高深学问,只管面包屑和柴米油盐酱醋茶的平民化宗旨，到抗战时创作上突现"弯弓"英姿，办报上力推战况报道和月旦人物的热血文字，张恨水的报人生涯平实而不平庸，贴近大众，却不一味取媚大众，执著里有与时俱进的变通和奋发，也有担当道义的一份庄严和急峻。

可以看出，在解玺璋这部《张恨水传》里，张恨水身为报人的一面，是被当成比他身为作家的一面更深沉也更丰富的一面来写的。书中对于张恨水作品的介绍和解读篇幅并不少、笔触也相当细腻，但只有联系着"报人"三章一起来看，作者所理解和把握的张恨水才会形象更见立体、精神更有光彩。而曲终奏雅的"横祸""晚景"两章，也正是因为有了"报人"三章的前奏和烘托，才仅凭着凝练的叙事，就显出愈加沉郁顿挫的力量。

《美国电影 美国文化》

[美] 约翰·贝尔顿著 米静等译
四川人民出版社 2018 年 6 月出版

这部图文并茂的译著，源自美国公共电视台《美国电影》系列节目的配套读物，1994 年初版问世以来，反复修订再版，目前这个译本依据的是该书 2013 年第 4 次修订的英文版。作者约翰·贝尔顿在罗格斯大学教授电影和英文课程，是学术期刊《电影史》副主编，以美国电影史、文化与电影研究、经典电影理论研究为专长。从这部作者以一人之力写成的美国电影史著来看，他的学术背景堪称名副其实。

恰如作者在书前自序中所说："本书假定读者没有或者接受过不多的关于电影史、理论和美学的教育，并以鼓励讨论电影整体而非单个电影的方式呈现了一些基本的问题。"但"本书不同于一般传统的电影史书"。传统的电影史，无论作为教学科目，还是作为知识门类，都建立在将电影仅当作一种艺术，而对电影的研究，主要也只能通过文本细读式的新批评的方法来进行。而在作者所关注并且亲自投身其中的当代的电影研究前沿领域，电影被看成了"一个更广大的工业、经济、社会和文化环境中的一种艺术形式"，因而对它的研究，相应地也需要依赖文化研究、新历史主义和其他当代理论批评学科。

由此,满足于对电影史做出客观化描述和简单阐释的传统电影史,正在被逐渐改写成内涵更加复杂、视野更加开阔的"新电影史"。《美国电影 美国文化》就是作者在建构"新电影史"方面的一份独特收获。

全书内容生发于一个核心命题:美国电影与美国经验、美国身份的认同和文化,一直处于一个不断相互决定和相互塑造的过程。从这一命题出发,美国电影产生、发展和转折的每一步历程,包括制作模式、影片类型、美学风格和文化影响等各层面,都牵连和对应了美国社会的认同危机和精神创伤的起落迁延。书中的章节编排和分析理路,都依此成型,形式整饬而又富有新意。

新修订版中加入的《社交网络》《宿醉》《绯闻计划》《拆弹部队》《大地惊雷》《阿凡达》等近十来年出产的新片的信息和探讨,更使这部以新颖的理论主题和充实的作品剖析见长的著作,显得饱满丰厚。

《如何写影评》

[美]蒂莫西·J.科里根著　宋美凤、刘曦译
北京联合出版公司2018年6月出版

　　这是一本简明扼要的影评写作教科书,作者是美国宾夕法尼亚大学英文系教授,专事电影研究及教学多年,同名教材的第6版曾在2009年出过中译本。最近这版中译本,源自2012年该书第8次修订版的英文版。恰如中译本审订者在序言中所说,这本书确切而言,应该称为"如何写专业影评"。因为它整个内容的设定,是面向美国大学里电影系的学生中有志于写出好的专业影评的那部分人的。换句话说,这是为电影专业的科班人士服务的一本教材。它旨在指引读者如何分析和评价一部影片,并且将这种分析和评价尽可能提炼得在专业认知上中规中矩、在形式表达上独具个性,最终再落实成有相当的吸引力和说服力的一篇影评文章。

　　全书7章,完全依循了从认识文体、了解对象,到领会原则、掌握细节,再到实际操作和打磨修缮的"知而后行、行则求工"的逻辑顺序。第一章"关于电影写作",把影评写作的目的一举高标在深化观影感受、说服他人接受自己判断、介绍相关电影知识或对比相关

影片、联系其他文化领域阐明电影文化根基的专业水准线上。第二章"想·看·写",交待为写专业影评而需要在观影过程中履行的想法(带着明确的问题关注影片的特定方面)和做法(及时记笔记)上的具体事项。第三章"电影术语和文章主题",对影评写作必备的电影语言及电影技术知识及其运用原理,给予精炼的说明。其中,比较特殊的是把如何确定一部影片的主题摆在了最突出的位置,而为此作者推荐的思路是:从判明主角是谁以及主角周边的人物和情节关系是怎样的入手。

第四章"评写电影的六种方法",匹配着作者从真实的课堂教学中遴选出的范文,一一展示了电影史、民族电影、类型化、作者论、形式主义分析、意识形态批评几种影评文章的基本特点和写作要领。这一章也是全书的核心,从中可以看到的内容不只关乎影评本身,还牵连着当前美国文艺评论的整体气象。第五章"写作风格与结构",深入到影评写作遣词造句和段落安排以至篇章款式的润色和修改、校对等细节层面,足见长期教学实践的点滴累积之功。第六章"电影研究",概述进行专业电影研究的一般流程,特别细讲了从书刊和网络搜集资料的途径和处理资料的办法,也附有范文。第七章"文稿的形式",列述在英文专业媒介上刊发影评的各种格式要求。

《如何写影评》虽属教材,但原著和译笔都一样清通浅白,绝无佶屈聱牙的理论推演或叠床架屋的术语堆砌。正因此,对于经历过一波国产电影的衰退,而现在重新又面对影视大潮的冲击和包围的我们,它或许更有别样的一种阅读价值和启示意义。

《心灵革命》

[美]李海燕著 修佳明译

北京大学出版社2018年7月出版

《心灵革命》2007年在斯坦福大学出版社出的英文原版，副题是"1900—1950中国爱情的谱系"。中译本的副题里，在"中国"前面加了"现代"两个字，读起来更顺当，意思也更明确了。但实际上，这本致力于梳理、研究20世纪上半叶中国文学创作中的爱情表达及相关的社会、学术舆论的著作，基本的出发点就在于对覆盖在情感、情绪和爱情这些措辞及其所指内容之上的"现代"信念和"现代"修辞，进行剥离。

在作者看来，正是由于种种后起的理念假设悄悄地固化成了一种滤镜或取景框式的认识前提，才使得今天的人们常常难以辨明自清末的文学书写中就已开始凸显的一个事实：中国人对新的个人身份和社会秩序的寻求、探索，是与情感的表达在文学和社会话语中地位不断提升的过程紧相伴随的。美国人类学家苏拉米兹·波特从对当代中国乡村生活的田野考察中得出的一个有名的学术观点——个人的情绪、情感在中国并未像在西方那样被当作社会秩序的一层基础来看待，更加重了这种遮蔽。

为了解除这种遮蔽，《心灵革命》以情绪、情感和爱情为轴线，通过解析一连串典型的文学和理论文本，重建了从晚清到民国、再到社会主义建设初期三个时段的鲜活历史语境。这一语境的呈现，不仅足以印证："爱既非全新的舶来品，也非纯粹的土特产，而是一个杂交生产的能指。"而且，也把以"爱"为核心的情感话语的形态变迁，精细地还原到了启蒙主义、个人主义、民族主义三大社会思想潮流在各个具体的历史节点上既交织、又颉颃的三角阵中，进而揭示出夹峙在传统与现代、群体与个人、英雄化与日常化以及灵与肉多重纠结之间的大我之爱与小我之爱、"爱国之爱"与"浪漫之爱"的复杂张力。

从英国马克思主义文论家雷蒙·威廉斯用以指称定型前的"世界观"或积淀过程中的"意识形态"的特定概念"感觉结构"，借取并改造而成的"儒家的感觉结构""启蒙的感觉结构"和"革命的感觉结构"这组术语，在《心灵革命》中，分别对应了古代和近代中国文艺中的"情教"传统、五四新文化运动引进的反传统的人道主义和民族主义的情感表现、大革命高潮时期兴起而后又多有发展的"革命加恋爱"叙事模式。两相对应之下，三种"感觉结构"作为三种情感话语的经验背景与价值依据这层关系，得到了明晰的阐释。

单看全书整体的篇章架构，分7章三大部分依时序论列20世纪开初50年爱情题材创作的《心灵革命》，很容易仅仅被当成一部断面剖析型的专题文学史。密集征引西方学术文献且频繁穿梭其间的论述习惯和行文风格，也可能会吓退一部分读者。即便如此，针对许多具体文本，如明清"情教"运动三大代表作冯梦龙《情史》、汤显祖《牡丹亭》、曹雪芹《红楼梦》，鸳蝴派小说的滥觞作吴趼人《恨海》和名作徐枕亚《玉梨魂》以及王钝根等人的短篇作品，还有蒋光慈、丁玲、茅盾、陈铨等人在"革命加恋爱"小说风行之际的创作与论争，书中所作的解读和重评，都非常深切，也很有新意。

尤其是在越来越多的作家似乎只能把情绪、情感和爱情处理成作品里可有可无、可多可少的佐料或添加剂的当下，这样一部深究情爱话语的文学大义和历史担当的严肃学术著作，实在值得有心人认真一读，以作参考。

《中国哲学文献选编》

陈荣捷编著　杨儒宾等译

北京联合出版公司 2018 年 8 月出版

英文原版名为 A Source Book in Chinese Philosophy 的《中国哲学文献选编》，最初于 1963 年由美国普林斯顿大学出版社印行。1991 年在台湾首次推出繁体字中译本。这次在北京新出的这版，是它的第一个简体中文版。这部印成英文多达 856 页、译回中文也逾 48 万言的大书，完全由陈荣捷先生一人独立编著。从起意动手，到全部竣工，编选、加注、英译历时 20 年之久。而且这 20 年正好跨在全球从热战陷入冷战、东西方政治和文化的关系发生巨大变迁的特殊时期。

与类似名目的文献汇编本不同，这部体量厚重的《中国哲学文献选编》，从一开始就是以用于在美国大学里，向当地学生系统讲授中国哲学为目的的。如编著者在该书自序中所述，决定编译这么一部书时，正当太平洋战争危急之际的 1942 年，还没有一所美国大学开设中国历史、哲学方面的课程，全美知名的大学里仅有包括他本人在内的区区三名华人终身教授。因而，这部文选的产生，首先不是难在如何编，而是难在注的可靠和译的准确。无怪乎它一经问世，也就有了破天荒似的意义。

在既无先例可循、又无成规可依的条件下，这部书以稳妥的选文、详尽的注释、精当的评述相结合的形式，开创了用外文、在外国、对外人展示和解析中国哲学原典的著述与教学体例。对此，主持该书汉译的黄俊杰先生在"出版前言"中有如下评述："这部书可以视为第二次世界大战以后，欧美学界的出版品中，选材最公允、论断最审慎的作品，自有其'不废江河万古流'的永恒价值。尽管不同读者对陈先生这部书的不同章节可能有不同看法，或对这部书的'哲学性'有仁智之见，但这部书取材的广度与译事的精确度，则是无人可以抹杀的。"

陈荣捷先生（1901—1994）原籍广东开平，父亲在他出生前即赴美谋生，在俄亥俄州开办多家洗衣店。早年他先后到香港、广州求学，曾亲沐五四时期学生运动洗礼。1924年自岭南大学毕业后入哈佛大学，主修美学与西方哲学。27岁获哈佛大学哲学博士学位后，一度归国任教于岭南大学。1935年受邀至美国夏威夷大学讲授中国哲学，后任该校专职教授。1942年夏威夷大学因战事停办，转往达特茅斯学院任中国文化哲学讲座教授，直至1966年退休。此后二十多年，又在查塔姆学院任讲座教授，在哥伦比亚大学兼任教授，主讲宋明理学。纵观之下，可以看出，这是一位有缘、有心且有能力的学术越境者的志业生涯。

而这部哲学文献选编，在陈荣捷先生英译中国哲学典籍8种、英文论著4种、中文论著7种和中英日论文138篇的全部著译成果中，是最能显见他对于中国哲学和中国文化的整体观和综合认识的。这不仅是他精研宋明儒学、尤其是朱子学的学术专长赖以生发的背景和基础，也是他置身西方社会、西方学术和西方文化的情境内，面向多重意义上的"他者"，为中国哲学和中国思想文化传统所作的总体见证或通盘说明。

全书43章。先秦百家13章，《诗经》、《尚书》、《左传》、《国语》、孔子、孟子、《大学》、《中庸》、荀子、老子、庄子、墨子、名家、阴阳家、法家和《易经》，各居其一。汉、魏、唐及佛教13章，董仲舒、扬雄、王充、淮南子、《列子》及其《杨朱篇》、新道家（王弼、何晏、郭象）、佛教早期七宗（吉藏之《中观论疏》）、僧肇、三论宗（吉藏之空论）、唯识宗（玄奘）、天台宗、华严宗、禅宗，依次分列。宋明理学9章，包括作为其前奏的、从中古儒学到新儒家过渡的代表韩愈、李翱之论，及周敦颐、邵雍、张载、程颢、程颐、陆象山、朱熹、王阳明各家学说。清代及近现代8章，王夫之、颜元、戴震、康有为、谭嗣同之外，张东荪、冯友兰、熊十力也各有代表作选段，以专章给予呈现、解析。

贯穿上述43章的选材和阐释理路，在各章开篇和文献选段译注之后的"编者评述"，以及中译本特意附加的"译者（指陈荣捷）按"中，都有充分明晰的论述。全书各章里的这些部分，连缀起来，本身就已构成了与一部《中国哲学史》相当的独立著作框架。如果做个最简要的概括，这一理路或可称之为：人文主义的起落消长和不断迁延。

自公元前 11 世纪周灭殷商，原先人格形态的"帝"信仰，逐渐向超越性的精神实体转化，天命与人世的关联不再固定于某一王朝、氏族或个人，而是取决于人、氏族或王朝的德性和与之相应的实际努力。敬德崇善的倾向由此开始替代或融入以往对祖先和神灵的单纯尊崇。这一趋势自孔子之前早已出现，只是到了孔子的学说中才强化为主导和根基性的理念。承此而下，在人文主义演进轴线的旁侧各方和周边远近，理想主义如孟子，自然主义（义同后来通称的现实主义）如荀子，功利主义如墨子、玄奥如名家、基于修行为本的禅学和了悟为门的般若学而大兴于中土的佛教，以及从道佛盛行之世振拔起来、致力于体知人事物之性理的新儒家，甚至竭力回应并试图熔冶儒、佛、基督教与西方现代哲学于一炉的谭嗣同"仁学"、张东荪"知识论"、冯友兰"新理学"、熊十力"新唯识论"，即形成一条曲折联翩、步步纵深的历史脉络。

　　如此宏阔的一条脉络，或许也有不甚确当之处。但正得力于它，这部文献编选型的厚书和它三千多条切入文献字里行间的注释，在体现出如掌上观纹般的精密、细致的同时，更展示出了一种全局在握的大视野。这就像章太炎先生主张过的那样，在文本考辨和词句注解已经到位的情形下，读史治史务必力求知大体，唯有洞观大体，才能算得到了真知识和活学问。

　　从这一点看，陈荣捷先生精心编选、译注的这部《中国哲学文献选编》，论价值和意义，都远远超过了寻常文献辑录或古书选注一类的读物。过去半个多世纪，它在异域发挥了传习中国哲学的标准教科书的作用。如今，转译回汉语的它，同样也应该会继续释放出跨越时空间隔的光与热，照亮我们回望历史的求知视域，激发出古籍中储存的精神能量。

《中国叙事学》（第2版）

[美] 浦安迪 著
北京大学出版社 2018 年 8 月出版

"叙事学"一词在中国文坛学界已流行了三十来年，与之相关的种种概念，如今已成为探讨小说、戏剧、影视等艺术创作门类的必备行话。但正像很多熟语、热词一样，常见多用并不等于意思明确，口耳相传也不见得广获共识。"叙事学"和它所连带的一整套专业语汇，不少时候仍然还停留在浮于言表而无力切实的悬空状态。对此，这本 14 万字的小书《中国叙事学》，虽远非高头讲章的大部头，却完全可以称得上是一剂纠偏补益的良方。

1996 年 3 月它出第一版时，带着书名副题"浦安迪教授讲演录"。乐黛云先生在序里说得清楚，这是因为这本书源自 29 年前作者应邀到北大开设一个学期的"中国古典文学与叙事文学理论"课的讲堂实录。尽管预定的课程内容当时因故没能讲完，出书前作者认真的修订和补充，反而使这本书最终成了这门课真正完整的一份记录。

全书 7 章，导言开宗明义，梳理基本范畴。首先，从西方现代文论和中国古代文学两重背景中厘清并界定了叙事和叙事文的概念。作者通过讲故事的方式把人生经验的本质和意义传示给他人，谓之叙事；能以较大的单元容量传达时间流中人生经验的文类，谓之叙事文。接着，通过中西文化、文学传统的比较，归结出明清长篇章回小说既有与西方的 novel 类似的一面——都随都市社会、商业文化和市民阶级的兴起而滋长、繁盛，同时，更有从先秦史籍和宋元俗文学的渊源里糅合、提升而来的文人化或所谓"奇书文体"的一面。

第二章至第六章，围绕《三国演义》《水浒传》《西游记》《金瓶梅》《红楼梦》《儒林外史》等明清"奇书"的代表文本，分别从神话原型、结构类型、修辞形态、寓意内涵及思想史通观各角度，展开面面观式的周详剖析。第七章结语，将话题引向了传奇剧、白话短篇小说等与"奇书"同时代并存或前后相继兴盛的其他文类，延展出从文体更替和思想史变迁的联系中，进一步深究"奇书"精神品质的思路。

通读这样一本拿着中国古代小说作解剖对象、拿着叙事学理论作解剖刀的学术书，无论是对理论批评感兴趣的读者，还是对创作实践有省思意识的读者，估计都会觉得很像是观摩了一场庖丁解牛似的文学知识和文学思维的生动演练。遥隔整整 12 年，这本一直没能被替代的小书终于出了第二版，封面和版式改了，内容还一如初版。相信第一次读到它的人，所得的教益和启示，也还是崭新如初。